大道至简

简政放权的理论与实践

国家行政学院 编 马建堂 主编

人民出版社

大道至简
简政放权的理论与实践

目 录

简政放权　放管结合　优化服务
深化行政体制改革　切实转变政府职能

——在全国推进简政放权放管结合职能转变
工作电视电话会议上的讲话

（2015 年 5 月 12 日）

李克强

这次会议的主要任务，就是回顾总结两年多来简政放权、放管结合、政府职能转变情况，部署下一阶段的重点工作，把改革推向纵深。

一、深化行政体制改革、转变政府职能，是促进发展的强大动力和重要保障

党的十八大以来，以习近平同志为总书记的党中央对深化行政体制改革提出了明确要求。十八届二中全会指出，转变政府职能是深化行政体制改革的核心。十八届三中全会强调，经济体制改革的核心问题是处理好政府和市场的关系，使市场在资源配置中起决定性作用和更好发挥政府作用。本届政府成立伊始，开门办的第一件大事就是推进行政体制改革、转变政府职能，把简政放权、放管结合作为"先手棋"。长期以来，政府对微观经济运行干预过多、管得过死，重审批、轻监管，不仅抑制经济发展活力，而且行政成本高，也容易滋生腐败。推进简政放权、放管结合，就是解决这些突出矛盾和问题的关键一招，也紧紧抓住了行政体制改革和经济体制改革的核心，把握了完善社会主义市场经济体制、加强社会建设的要害。可以说，这项改革是"牛鼻子"，具有牵一发动全身的重要作用。

两年多来，简政放权、放管结合工作取得明显成效。国务院部门

共取消或下放行政审批事项 537 项，本届政府承诺减少三分之一的目标提前两年多完成。投资核准事项中央层面减少 76%，境外投资项目核准除特殊情况外全部取消。工商登记实行"先照后证"，前置审批事项 85% 改为后置审批；注册资本由实缴改为认缴，企业年检改为年报公示。资质资格许可认定和评比达标表彰事项大幅减少。中央层面取消、停征、减免 420 项行政事业性收费和政府性基金，每年减轻企业和个人负担近千亿元。在放权的同时，采取措施加强事中事后监管。地方各级政府认真贯彻中央决策部署，积极做好"接、放、管"工作。有些省份进展较快，行政审批事项取消和下放比例超过一半、最高的达 70%，有的省级非行政许可已全面取消。

这一系列改革举措有力解放和发展了生产力，激发了市场活力和社会创造力，促进了稳增长、调结构、惠民生，也推动了政府治理能力提升和廉政建设，取得了一举多得的成效。新增市场主体呈现"井喷式"增长，去年达 1293 万户，其中新注册企业增长 45.9%；尽管经济增速放缓，但城镇新增就业仍达到 1322 万人。今年一至四月份，新注册企业继续保持每天 1 万户，城镇新增就业 445 万人。这两年，在国内外形势错综复杂、我国经济下行压力加大的情况下，我们没有采取短期强刺激措施，而是创新宏观调控方式，全面深化改革，使经济运行保持在合理区间，就业连创历史新高，增长速度在世界主要经济体中名列前茅，其中简政放权等改革红利的释放发挥了关键作用。

在推进简政放权等改革、促进经济社会发展过程中，各地区各部门的同志们顾全大局，勤勉敬业，做了大量艰苦细致的工作，付出了很大的辛劳。在此，我代表党中央、国务院向大家表示敬意和感谢！

简政放权等改革虽初见成效，但与人民群众的期待和经济社会发展要求相比，还有很大差距。一方面，政府一些该放的权还没有放，手伸得还是太长；另一方面，已出台的简政放权措施尚未完全落实到位，"中梗阻"现象大量存在，"最后一公里"还没有完全打通。当然，"最先一公里"也存在问题。这里面既有思想认识不到位、管理方式不适应的原因，也有地方和部门利益在作梗。企业和基层反映，不少审批事项只是换了个"马甲"，从明的转成暗的、从上面转到下面、从政府转到与政府有关的中介，审批服务中的各种"要件"、程序、环节等还是关卡林立。比如，稳增长必须发挥投资的关键作用，而当前投资仍处于下行状态，像重大水利工程、中西部铁路、棚户区改造、城市基础设施等，有的项目批了，中央投资也到位了，但就是迟迟开不了工，钱也花不出去。到3月底，地方国库库存余额创历史同期最高水平。其中有不作为的问题，但确实还有审批慢、审批难、环节多的问题，影响了投资进度。同时不少群众反映，办事还是存在难与慢，部门之间经常扯皮，这个章那个证还是很多，经常被折腾来折腾去。比如，商事制度改革实现了"先照后证"，有些人反映拿了照以后还是碰到层层阻碍。缺一个"证"，企业就运行不了。一些谁听了都会觉得荒唐的"证"仍然存在。其实不只是普通群众，就是今天参加会议的领导干部，离开你管的"一亩三分地"，自己或家属办事也会遇到诸如此类的不少难题。另外，从国际比较来看，世界银行发布了全球2015年营商环境报告，我国虽比上年上升3位，但在189个经济体中仍排在第90位，主要原因还是各类行政审批等管制措施太多。名目繁多、无处不在的审批"当关"、证明"围城"、公章"旅行"、公文"长征"，对个人来说，耗费的是时间和精力，增添的是烦恼和无奈；对企业来说，浪费的是人力和物力，贻误的是市场机遇；对社会来说，削弱的是公平和公正，挤压的是创业创新空间，尤其是抑制劳动生产率提高；对党和政府来说，影响的是形象和威信，挫伤的是人心民意。对此，如果不努力加以改变，束缚社会生产力的发展，损害的是全体人民的共同利益，延误的是中华民族的伟大复兴进程。

在新的历史时期，深化简政放权等改革，不是权宜之计，而是既利当前又惠长远，具有多方面的重大意义和作用。实现"双中高"目标，需要靠深化简政放权等改革培育新动能。当前，世界经济复苏进程艰难曲折、复杂多变。我国经济发展进入新常态，"三期叠加"矛盾逐步凸显，到了爬坡过坎关键时期。今年一季度经济增长也面临很多困难；但我们从去年下半年以来采取的定向调控措施逐步见效，一定程度上对冲了经济下行压力。当前经济运行总体平稳，一些方面出现向好的趋势，比如调查失业率4月份有所降低，工业也在回升。但有一些方面压力还比较大，比如投资还在继续下行。我们必须采取更有力的措施，把向好的趋势巩固住，把下行的压力顶住。这从根本上讲还要靠简政放权、放管结合、优化服务。我们有信心有能力使经济运行保持在合理区间，完成今年主要目标任务，并在较长时期内保持经济中高速增长、迈向中高端水平。我们这个底气来自于我国经济发展的巨大潜力、韧性和回旋余地。只要我们坚定不移地深化改革，打造好"双引擎"，就能进一步形成更为强劲而持久的发展动力，促进中国新一轮经济"破茧成蝶"、行稳致远。构建开放型经济新体制，需要靠深化简政放权等改革提供支撑。随着国际经贸格局深刻调整和我国资源要素条件变化，我们传统的竞争优势在弱化。当前国际市场低迷，我国进出口增长压力很大。因此，我们必须加快构建开放型经济新体制，建设面向全球的高标准自贸区网络和国际化、法治化营商环境，探索实行准入前国民待遇和负面清单管理模式，培育和扩大国际合作竞争新优势。这对政府工作的核心要求，就是简政放权、放管结合、优化服务。我到上海等四个自贸区都去看过，他们最主要的措施就是简政放权，让企业能够在自贸区内迅速登记，投资项目能较快落地。提高政府治理能力，需要靠深化简政放权等改革"修枝壮干"。政府有所不为方能更好有所为。只有进一步把该放的权放掉、把不该管的事交出，集中力量把该管的事管好、该服务的服务到位，才能有效推进政府的治理创新，更好地遂民意、促发展、利和谐。

特别是推进大众创业、万众创新，需要靠深化简政放权等改革清障搭台。历史是人民创造的，国家的繁荣进步来自于人民创造力的发挥。我们党的群众路线是一切为了群众、一切依靠群众。我们提出推进"双创"，就是着眼于尊重人民群众的主体地位，充分发挥人民群众的无限创造力，让他们平等参与现代化进程、共同分享改革红利和发展成果。

——推进"双创"，既是发展的动力之源，也是富民之道、公平之计、强国之策，是建设中国特色社会主义题中应有之义。让群众起来搞创业、以创业带动就业，可以不断增加收入、扩大内需，还能使其在创造财富过程中实现精神追求和人生价值。这也是逐步实现共同富裕的必由之路，因为缩小收入分配差距，仅靠"二次分配"是不够的，主要得靠"一次分配"让更多的人富起来。实践证明，哪个地方创业的环境好、创业的人数多，哪个地方的经济就充满活力、居民收入就高、贫富差距也就小。我们倡导万众创新，形成全社会的创新文化，这样创新的土壤就更为深厚，创新的动力就更为强劲，创新的效应也更为巨大。推进"双创"，不仅有利于增强国家经济"硬实力"，而且有利于提升国家"软实力"。"双创"着眼于实现广大人民群众的根本利益，有效契合了每个劳动者的内在需求。一个创业创新蔚然成风的国家，必然是昂扬向上、充满活力和希望的。

——推进"双创"，不仅限于个人和新生企业，现有企业包括大企业也要通过不断创业创新来保持活力和竞争力。看看那些长盛不衰的企业，哪一个不是与时俱进、经历过多次创业创新的？否则，它的事业早就可能走到尽头了。近年来，有些大企业积极顺应互联网发展和消费个性化趋势，对管理模式进行再造，将传统的层级管控组织重塑为新型创业创新平台，让员工成为创客，并将平台向外部开放，创客在这个平台上孕育产生的"奇思妙想"，既可以自己用，也可以与外边合作开发，使企业变成一个大的创新资源聚集之地。这样，带动的配套中小企业更多了，创新能力更强了，产品更丰富了。企业推进创业创新是大有可为的。

——推进"双创"，我们有得天独厚的条件。我国有13亿多人口、9亿劳动力，目前劳动年龄人口平均受教育年限达到10年、高于世界平均水平，新增劳动力达到13年、接近中等发达国家平均水平，人力资源转化为人力资本的潜力巨大。同时，我们还有7000多万市场主体，其中有1800多万家企业。广大人民群众和市场主体拥有强烈的创业创新愿望，但仍有不少有形无形的枷锁束缚着他们的手脚。必须通过深化简政放权等改革、破枷清障、铺路搭桥，使他们轻装前进、不断发展壮大。我们已就深化上海自贸区改革进行了部署，吸引了大批国内创业者以及金融企业和中介机构，不少外商也跟进了。广东、天津、福建三个自贸区的体制机制创新也在加快推进。这些自贸区探索的经验要及时复制推广，使我国拥有更好的营商环境，是外资的最佳选择地。

深化简政放权等改革不仅是基于两年多来的有效实践，而且是基于历史的启示，特别是我国37年来改革开放内在成功逻辑的启示。中华民族几千年文明史中有很多优秀文化，值得我们借鉴。我在政府工作报告里讲"大道至简，有权不可任性"，代表们是赞成的。《礼记》"礼运篇"说，"大道之行也，天下为公"。"大道至简"中的"简"字是什么意思呢？《论语》"雍也篇"中讲，要"居敬行简"，可解释为心里牵挂着百姓，做事有敬畏，但行为是"简"的，不扰民、不烦民，这是政府应该做的。但同时又讲，不能"居简行简"，可以解释说，如果心里没有百姓，已经很"简"了，再去"行简"，那就太"简"、不负责任、没有法度了。纵观中国历史，凡盛世往往都用"居敬行简"的办法，轻徭薄赋、让百姓休养生息。而那些衰亡的王朝都是烦民扰民多，所谓苛政猛于虎。党的十一届三中全会以来，我国之所以取得举世瞩目的伟大成就，走的是改革开放之路，"大道至简"与此是相契合的。其核心内容是放开搞活，有力激发蕴藏在人民群众之中的创造活力。拿当年农村改革来说，地还是那些地，人还是那些人，就是因为实行家庭承包制，给农民生产经营自主权，很快就解决了温饱问题。当然放权不是不管，而是既管也服务。几千年的中国历史和37年的改革开放实践证明，管多就会管死，只有放开才能搞活，从而解放和发展社会生产力，使人民生活水平不断提高，政府施政的要义在于以敬民之心行简政之道。

当前和今后一个时期，深化行政体制改革、转变政府职能总的要求是：简政放权、放管结合、优化服务协同推进，即"放、管、服"三管齐下，推动大众创业、万众创新，充分发挥中央和地方两个积极性，促进经济社会持续健康发展，加快建设与社会主义市场经济体制和中国特色社会主义事业发展相适应的法治政府、创新政府、廉洁政府和服务型政府，逐步实现政府治理能力现代化。为此，我们要善于借鉴汲取"大道至简"等优秀文化传统，并结合新的时代要求予以发扬光大，放手让一切劳动、知识、技术、管理、资本的活力竞相迸发，让一切创造社会财富的源泉充分涌流，让所有社会成员各得其所、各展其能、机会公平，打造经济发展新引擎，开辟社会进步新天地，营造团结和谐新气象，使我们的国家始终充满生机与活力。

二、推动简政放权向纵深发展，进一步释放市场活力和社会创造力

深化简政放权，既要有勇气，也要有智慧。改革进行到现在，要更多触及深层次矛盾、触动利益的"奶酪"，还要改变原来习惯的管理方式，很不容易。何况，简政放权实质是政府的自身革命，自我削权限权就像割自己的肉，更为困难。目前这一改革如同顶风逆水搏激

流，不仅不进则退，慢进也会退。为了国家发展和人民福祉，为了使经济运行保持在合理区间，实现经济社会持续健康发展，我们必须以壮士断腕的决心和勇气，着力把简政放权加快向前推进。坚决把该"放"的彻底放开、该"减"的彻底减掉、该"清"的彻底清除，不留尾巴、不留死角、不搞变通。同时，要做好深化简政放权的统筹谋划，因地制宜，讲究策略和方法，确保改革顺利推进和取得更大成效。

深化简政放权，要注重把握好三点：一要开门搞改革。民之所望，施政所向。人民群众对审批之弊感受最深，对改什么、如何改最有发言权。我们要把主要由政府部门"端菜"变为更多由人民群众"点菜"，以群众需求为导向、从反映强烈的突出问题入手，确定深化改革的重点、措施和路径，更为精准、更加精细地清除阻碍创新发展的"堵点"、影响干事创业的"痛点"和监管服务的"盲点"。二要上下联动。上下同欲者胜。在简政放权这场重大改革中，上下必须协同推进。上级政府在设计改革方案时，要重视听取下级特别是基层政府的意见，使改革举措更具可行性、操作性。下级政府在贯彻执行上级要求的同时，要结合自身实际制定好落实的具体办法。除涉及国家安全、生态安全和公众健康等重大公共利益事项外，其他的审批事项原则上要以取消为主。确需下放的，各部门要协调同步，把整个审批链全下放，不能你放他不放、责放权不放。只要有一个部门不放，企业创业和投资项目就整个运作不起来。因此，有关部门对确需保留的审批事项，不论是前置还是后置，都要有时限要求，而且要联网、要公开。事项下放到哪一级，要根据地方各级政府的职责来确定，不能层层往下甩包袱，最后导致基层接不住。三要由人民群众和实践评判改革成效。群众和企业满意不满意，实践效果如何，是检验简政放权成效的根本标准。不能光看你下了多大功夫，数字上取消下放了多少，关键要看群众和企业办起事来是不是快了、花钱少了、成本低了。

关于今年的简政放权工作，最近国务院常务会议已作出全面部署，各地区各部门要认真贯彻执行。为确保落实到位，必须突出重点、明确时限、扎实推进。

（一）再砍掉一批审批事项，切实降低就业创业创新门槛。5月底前，全面完成国务院部门非行政许可审批事项清理工作，今后不再保留这一审批类别。年底前，再取消一批"含金量"高的行政审批、投资项目核准及前置审批、资质资格许可认定、评比达标表彰等事项。清理取消中央指定地方实施的行政审批事项，年底前取消200项以上，为地方放权进一步打开空间。

（二）再砍掉一批审批中介事项，切实拆除"旋转门""玻璃门"。要抓紧制定并公布国务院部门行政审批中介服务事项清单，精简中介评估事项。加快摘掉中介机构的"红顶"，与行政审批部门彻底脱钩，斩断利益链条。这里要明确，我们国家中介服务业与发达国家相比还有很大差距，发展空间很大，是新的经济增长点。清理规范中介服务，不是要限制这个行业发展，而是要通过营造公平竞争环境，强化服务职能，使其更好更快发展。

（三）再砍掉一批审批过程中的繁文缛节，切实方便企业和群众办事。9月底前，国务院部门要简化行政审批流程，压缩前置审批环节并公开时限，推行并联审批和网上审批，着力解决环节多、时间长、随意性大等问题。加快建设信息共享、覆盖全国的投资项目在线审批监管平台。6月底前实现部门间"横向联通"，年底前实现中央和地方"纵向贯通"。

（四）再砍掉一批企业登记注册和办事的关卡，切实清除创业创新路障。继续推进工商注册便利化，年内实现"三证合一""一照一码"。这是对能否破除部门利益的一个重要检验。我到地方去调研，有的已实现了"三号"变"一码"，但是只能在当地实施，其他地方还不认，遇到不少困难。要尽快在全国实现"一照一码"，推动全国市场实现统一公开透明和公平竞争。继续创新优化登记方式，实行"一址多照"和"一照多址"。取消没有法律法规依据、不必要的后置办证事项。要通过深化商事制度改革，努力使新增企业数持续保持较快增长，新企业活跃度不断提高，为稳增长、保就业奠定基础。

（五）再砍掉一批不合法不合规不合理的收费，切实减轻企业和群众负担。收费必须规范。去年以来我们采取了一系列定向调控措施，包括对小微企业和"三农"等减税、定向降准、不对称降息等，向市场发出了积极信号，实践证明这些措施是有效的。但是如果各种收费减不下来，其他措施就是再多，也会被冲减甚至抵消掉。5月底前，要对收费专项清理规范工作作出部署。年底前，没有法律法规依据且未按规定批准、越权设立的收费基金项目，一律取消。擅自提高征收标准、扩大征收范围的，一律停止执行。属于政府提供普遍公共服务或一般性管理职能的行政事业性收费，不适应经济发展的政府性基金，没有法定依据的行政审批中介收费，一律取消。超过服务成本的收费和有较大结余的基金，一律降低征收标准。

政府在减权放权的同时，要以刚性的制度来管权限权，厉行法治，依法行政，建设法治政府。要坚持职权法定原则，加快建立"三个清单"，划定政府与市场、企业、社会的权责边界。以权力清单明确政府能做什么，"法无授权不可为"；以责任清单明确政府该怎么管市场，"法定职责必须为"；以负面清单明确对企业的约束有哪些，"法无禁止即可为"。通过建立"三个清单"，依法管好"看得见的手"，用好"看不见的手"，挡住"寻租的黑手"。今年，要基本完成省级政府部门权力清单的公布，研究推行国务院部门权力清单和责任清单制度并开展试点。

三、创新和加强政府管理，使市场和社会活而有序

深化行政体制改革、转变政府职能，不仅要取消和下放权力，还要改善和加强政府管理，提高政府效能，增强依法全面履职能力，使市场和社会既充满活力又规范有序，促进经济持续健康发展和社会公平正义。

加强市场监管，为各类市场主体营造公平竞争的发展环境，是当务之急。目前，我国市场经济秩序还很不规范。商事制度等改革之后，新的市场主体大批涌现，如果监管跟不上，市场秩序混乱现象会加剧，"劣币驱逐良币"的扭曲效应会放大，严重制约诚实守信经营者和新的市场主体发展。我到地方调研，不少企业包括台商、外商反映，侵犯知识产权、坑蒙拐骗等行为，企业自身难以解决，如果政府把这些问题管住了，企业的"心头之痛"就解除了。因此，在大量减少审批后，政府要更多转为事中事后监管，切实把市场管住、管好。这是政府管理方式的重大转变，难度更大、要求更高。各级政府及其工作人员要积极适应这一转变，切实履行好管理职责。

要转变监管理念，强化法治、公平、责任意识。现在我们在市场监管上，一方面，各种检查太多，随意性太大，企业疲于应付，还有不少寻租行为。另一方面，该监管的还没有管或没有管住、管好。政府监管要"居敬行简"，不扰民、不烦民但法度不缺，制定科学有效的市场监管规则、流程和标准，向社会公示，使市场主体明晓界限、守法经营，并缩小监管者自由裁量权。同时，要依法开展监管，维护和保障市场公平竞争秩序，当好"裁判员"，不犯规的不去烦扰，轻微犯规的及时亮"黄牌"警告，严重犯规的马上"红牌"罚下场。当然，裁判要履职尽责、公平公正执法，不能该吹哨的不吹，更不能吹"黑哨"。监管者必须受监督，要公开信息，健全并严格执行监管责任

制和责任追究制。

要创新监管机制和监管方式，提高监管效能。这两年，各地积极探索实践，积累了很多行之有效的经验和做法。要继续推进监管创新。一是实行综合监管和执法。抓紧建立统一的监管平台，把部门间关联的监管事项都放到平台上来，同时清理整合各类行政执法队伍，推进跨部门、跨行业综合执法，让几个"大盖帽"合成一个"大盖帽"，形成监管和执法合力，避免交叉重复或留空白死角。监管和执法的结果应公示，并留底备查，阳光是治理监管和执法不公最有效的手段。二是推广随机抽查监管。有些地方和行业把企业和监管部门人员放在同一平台上，通过两次摇号，按一定比例对企业进行抽检，随机确定检查人员，企业有了压力，也减少了监管部门寻租机会。要抓紧推广这一做法。三是推进"智能"监管。积极运用大数据、云计算、物联网等信息化手段，探索实行"互联网＋监管"模式。加快部门之间、上下之间信息资源的开放共享、互联互通，打破"信息孤岛"。推进统一的社会信用体系建设，建立信息披露和诚信档案制度、失信联合惩戒机制和黑名单制度，让失信者一处违规、处处受限。四是强化社会监督。畅通投诉举报渠道，对举报者要给予有足够吸引力的奖励并严格保密。强化企业首负责任，通过倒逼形成层层追溯、相互监督机制。加强行业自律，鼓励同行监督。充分发挥媒体舆论监督作用。无数双眼睛盯着每一个角落，就能织就监督的"恢恢天网"。

四、优化政府服务，更好满足人民群众和经济社会发展需求

全心全意为人民服务，是我们党的根本宗旨，让老百姓过上好日子，是人民政府的天职。这几年，各级政府在加强服务方面花了不少

力气，但公共产品短缺、公共服务薄弱等问题依然突出。加快解决这一问题，可以有效提升政府服务能力和水平，也可以增加有效投资、有利于顶住经济下行压力。这要靠深化简政放权等改革破除障碍，把市场机制作用发挥好。改革的实效也要从增加公共产品、公共服务方面来体现。我们要努力通过提供比较充裕的公共产品、优质高效的公共服务，使创业创新过程更顺畅、经济发展之路更通畅、人民群众心情更舒畅，使整个社会更温馨、更和谐、更有凝聚力和活力。

（一）为大众创业、万众创新提供全方位服务。"双创"有利于扩大就业，稳增长也是为了保就业。一是加强政策支持。在降税清费减负基础上，要研究出台一批扶持创业创新特别是小微企业的政策措施。对众创空间、创新工场等各种孵化器，要在租金、场地、税费等方面给予支持。发挥财政资金杠杆作用，采取贴息、补助、创投基金等方式，撬动社会投入；完善投融资机制，大力发展风险投资、天使投资等投资方式，探索新型商业模式，多措并举帮助创业者解决资金困难问题。二是提供平台综合服务。创业创新需要什么服务，政府就要在这个平台上提供什么服务。强化政策、法律和信息咨询服务。加强知识产权保护。做好对大学生的就业创业指导服务和农民工的职业技能培训。这些服务有的政府部门可以直接提供，有的可以向专业机构购买，有的还要鼓励中介组织等积极参与。三是服务要便捷高效。群众创业创新不易，各级政府及其工作人员要设身处地为他们着想，提供更加人性化、更富人情味的服务，态度要好、手续要少、速度要快。继续办好政务服务中心和办事大厅，实行"一个窗口受理、一站式审批、一条龙服务"，规范流程、明确标准、缩短时间。

（二）为人民群众提供公平、可及的公共服务。增加公共产品和公共服务供给，政府不能唱"独角戏"，要创新机制，尽可能利用社会力量，并搞好规划、制定标准、促进竞争、加强监管。凡是企业和社会组织有积极性、适合承担的，都要通过委托、承包、采购等方式交给他们承担；确需政府参与的，要实行政府和社会资本合作模式。即使是基本公共服务，也要尽量这样做。政府办事要尽可能不养人、不养机构，追求不花钱能办事或少花钱多办事的效果。这也有利于形成公共服务发展新机制，促进民办教育、医疗和养老等服务业发展。我们既要努力提供充裕的公共服务，更要增强公共服务的公平性和可及性。要创新服务方式，最大程度地便民利民。有些服务事项，最好能让群众不出门，通过网上办理、代办服务、上门服务等方式来完成。如果需要群众直接来，要提前告知各种要求，力争来一两次就办成。对要求群众出具的各种"证明"，要清理规范，能免的就免、能合的就合，确实需要的，尽可能通过部门之间信息共享和业务协同来核查解决。各级政府及其工作人员都要有这样一个服务理念，就是宁可自己多辛苦，也要让群众少跑路。

（三）履行好政府保基本的兜底责任。我国还是一个发展中国家，全国有 7000 多万低保人口、7000 多万贫困人口。虽然我们建立了覆盖全民的社会保障制度，但保障水平还比较低。现在不少地方财政吃紧，但再困难也要保障好困难群众的基本生活。底线兜住了，也可为创业者特别是青年人创业解除后顾之忧，即使失败了也有机会再次创业。当前，要更加关注困难群体的就业、社保、教育、医疗、养老等问题，加快城市棚户区和农村危旧房改造。需要指出的是，提供基本公共服务、保障和改善民生不能脱离实际，要与经济社会发展水平相适应。

五、抓好组织领导，确保各项改革举措落地生根

深化行政体制改革、转变政府职能，是一场深刻革命，涉及面广、难度大，必须按照中央统一部署，切实加强领导，周密组织，使

改革积极稳妥向前推进。

第一，强化机制、明确责任。国务院将继续着力推进简政放权、放管结合、优化服务工作。各地区各部门也要充实加强相应的领导机制和工作机制，主要领导要直接抓，及时拍板解决改革中的重大问题。每个改革事项都要细化任务和分工，有时间表、路线图和责任状。改革涉及到政府自身利益，我们必须狠下心来自己"多割点肉"，让群众"多长点肉"，让大家都富裕起来。

第二，协调行动、积极探索。简政放权、放管结合、优化服务是一个系统工程，需要统筹安排、整体推进。各地区各部门要牢固树立大局意识和全局观念，不折不扣地贯彻执行党中央、国务院的决策部署，确保令行禁止，不能各吹各的号、各唱各的调。国务院作出的各项改革决定，相关文件和配套措施必须尽快出台，不能久拖不办。尊重基层和群众的首创精神，是我国改革开放的一条基本经验。很多重大改革举措都是先从地方做起，然后推向全国的。在这次简政放权等改革中，给地方留了很大空间。各地要从自身实际出发，根据国务院总的要求和原则，大胆探索创新，在改革中力争上游，同时要注意学习借鉴其他地区的好经验、好做法，互促共进。

第三，主动作为、干事创业。我们的公务员队伍总体是好的，是尽职尽责、勤勉实干的。改革开放以来我国取得的巨大成就，是各级干部和群众一起干出来的，今后推动改革发展还得靠干部带着群众一起干。现在，一些干部中确实不同程度存在着懒政怠政、消极敷衍等现象。对此，一方面，要加强思想教育，引导公务员积极适应简政放权、放管结合、优化服务的新形势，加快转变观念，不断取得新的工作业绩，富一方百姓、保一方平安。另一方面，要完善激励约束机制，鼓励各级干部愿干事、敢干事、能干成事。现在政府工作人员，特别是基层公务员工作很辛苦，收入也不高，我们既要坚决堵住"偏门"，解决公务人员以权力参与分配、牟取不当利益问题，也要打开

"正门"，建立健全正常的工资增长机制，使其收入随着经济发展不断提高，保障他们的合理待遇和应有的尊严。去年，国务院对完善机关事业单位工资和养老保险制度出台了政策，今年6月底前，各地工资调整一定要落实到位。

第四，加强督查、狠抓落实。各地区各部门要把简政放权、放管结合、优化服务情况纳入绩效考核体系，并完善考评机制。加大督查力度，创新督查方式，并与第三方评估、社会评价结合起来，好经验要及时推广，发现的问题要抓紧解决，对落实不力的要严肃追究责任，确保各项改革措施落到实处。近期，国务院要对部门和地方开展重点督查，坚决打通"放、管、服"举措落实的"最先一公里"和"最后一公里"，推动稳增长、促改革、调结构、惠民生各项政策落地见效。

第五，依法改革、有序推进。法律是治国之重器，良法是善治之前提。简政放权等改革要在法治轨道上推进，重大改革要于法有据，同时法律法规也要适应改革需要，及时加以调整和完善，使激发释放活力和维护保障秩序有机统一起来。有关部门在放权的同时要提出修法建议。修法立法要严格把关，防止部门利益法制化；严禁法外设权扩权，走出精简膨胀循环的怪圈。要按照国务院要求，抓紧对规范性文件进行全面清理，凡是于法无据、损害群众合法权益的，都要废止或进行修改。

同志们，深化行政体制改革、转变政府职能，推动大众创业、万众创新，承载着亿万人民群众的期望与向往，关系着国家的繁荣和富强。我们要紧密团结在以习近平同志为总书记的党中央周围，按照"四个全面"战略布局要求，坚持发展是第一要务，着力推动科学发展，奋发有为，扎实工作，以实实在在的改革成果，为建设富强、民主、文明、和谐的社会主义现代化国家、实现"两个一百年"奋斗目标和中华民族伟大复兴的中国梦作出新的更大贡献。

前　言

简政放权：来自社会的评价与基层的声音

马建堂

中共十八届中央委员、国家行政学院常务副院长

　　党的十八大以来，党中央、国务院洞察世界变革发展的新形势，立足我国"四个全面"的战略任务，着眼于推进国家、政府治理体系和治理能力现代化，激发人民大众的无穷创造力，把简政放权、放管结合、优化服务作为改革开放发展的"先手棋"，统筹谋划，精心部署，全力推动，取得了明显进展，得到了基层广泛认可和社会的高度评价。

　　国家行政学院委托国家统计局社情民意调查中心，在全国十个省随机完成了1万个企业样本的调查，同时组织在院学习的县乡基层干部进行了座谈。现将调查和座谈的有关情况简述如下。

一、社会和基层高度评价简政放权等改革

　　受访企业对简政放权等改革予以高度评价。96.7%的受访企业认为简政放权改革很有必要。94.6%的受访者对优化服务表示"满意"和"基本满意"。93.5%的受访者对取消和下放行政审批事项改革表示"满意"和"基本满意"。91.5%的受访者对取消和减少资质资格改革表示"满意"和"基本满意"。91.1%的受访者对商事制度改革表示"满意"和"基本满意"。87.3%的受访者对清理收费改革表示"满意"和"基本满意"。79.9%的受访者对事中事后监管表示"满意"和"基本满意"。

　　受访企业对简政放权等改革的成效感受明显。从改革的成效

看，大多数受访企业表示对改革成效有切身感受。91.2%的受访者对两年来的改革表示"满意"和"基本满意"。74.5%的受访企业认为简政放权等改革"规范了政府行为，提高了政府效率"。62.8%的受访企业认为"与之前相比，审批事项少了，所需时间短了"。57.8%的受访企业认为简政放权等改革"激发了市场活力和社会创造力"。55.3%的受访企业认为简政放权等改革"改善了营商环境"。

受访基层干部认为简政放权等改革带来了"四个更加"，即权力清单更加清晰，群众办事更加方便，部门作风更加改进，改革信心更加增强。他们表示，本届政府紧紧抓住简政放权这一"当头炮"和"先手棋"，周密部署，动真碰硬，持续发力，凸显了把改革推向纵深的坚强决心，为全面深化改革营造了非常好的氛围，广大基层干部明确了方向，看到了希望，增强了信心。

二、社会和基层期盼简政放权改革持续发力

75.8%的被调查企业建议简政放权下一步应更加突出优化政府服务，71.4%的被调查企业认为还应当继续取消和减少行政审批，并提高改革的含金量。还有35.7%的被调查企业感到目前仍存在变相行政审批，或与之前相比变化不明显。有70%左右的被调查企业认为，下一步简政放权改革应突出规范审批流程、提高审批效率。有19%的被调查企业认为目前政府监管还不够有力，市场环境不够理想。

受访基层干部认为，简政放权等改革中存在的主要问题，一是简政还不到位，审批环节和要件仍然偏多，审批时间依然偏长；二是放权还不彻底和不够配套，某种程度上存在你放我不放、放小不放大、放责不放权、放权不放编、基层接不住等现象。

三、社会和基层关于进一步推进简政放权工作的建议

（一）更加注重顶层统筹。

在放开和下放关系上，要多放开，把应由市场调节的真正放给市场，进一步明确和明晰政府与市场的边界，改革方向是"营业执照＋负面清单＋政府监管和服务"，只规定市场主体什么不可以做，其余由企业自主决策、依法经营。在纵向关系上，或者说在政府内部各层次之间，政府确需保留的审批事项，要根据各级政府的调控能力和便利社会的角度，科学确定由哪级政府实施。在横向关系上，同一事项所涉及的部门要同步放开、同步下放，不能你放我不放、我放你不放。

（二）更加注重需求导向。

行政审批权的放开和下放，要以群众、企业、市场满意不满意为出发点，群众最不满意的要多放，企业反映最强烈的要先放，从现在政府"端菜"转为群众"点菜"，只有这样才能提高简政放权的含金量，避免在数字上做文章。

（三）更加注重提高基层公务员的能力。

有些下放的审批事项，专业性比较强，基层公务员缺少相应的能力和素质，从而存在"放下来、接不住"的现象。因此，上级政府要对拟下放的事项做好前期工作，包括对接权基层政府工作人员进行履职培训，配备必要的设备。有些审批事项的任务比较重，基层部门人手不够，要在上级部门放权减人的前提下，对基层增加必要的编制。

（四）更加注重运用互联网平台。

45.5%被调查企业认为政府优化服务的重点是搭建市场服务公共平台，有35.1%的被调查企业希望提供有效管用的信息数据。受访基层干部认为，要借助互联网等信息化技术手段，加大基层服务平台整合力度，打破数据信息壁垒，推进"一张网"工程，推行"多证合一"和"一证多用"，营造审批事项少、行政效率高、行政成本低、行政过程公正透明的政务环境，解决群众多头跑路、异地审批难题。

（五）更加注重对政府部门简政放权等改革的考核、监督和问责。

简政放权的核心目的是促使政府更好地为民众提供优质服务。要进一步优化和健全对政府部门简政放权质量和优化服务水平的考核评价体系，形成提供优质服务的激励和约束机制，完善具体到人到事的精准监督机制，使不作为、乱作为、慢作为的行为受到惩戒。

（六）更加注重县级政府在简政放权中的重要作用。

郡县治则天下安。简政也好，放权也罢，最后的落脚点大都集中在县级行政区域。座谈会上学员几乎是一致呼吁：一是要高度重视县级政府在推动简政放权中的作用。县级政府是我国行政管理体制中的最基础环节，直接联系人民群众和市场主体，其职能转变和行政审批制度改革成效决定了本届政府职能转变能否取得成功。二是要提升县级政府的施政能力。按照"人、事、财"匹配和"权、责、利"统一的原则，建立事权人权财权相对等的保障机制，增加基层人员编制和财力投入，确保放下去的接得住、管得好。

理论篇

继续做好简政放权这篇大文章

王　峰

中央机构编制委员会办公室副主任

众所周知，本届政府成立之初，开门办的第一件大事就是推进行政体制改革、转变政府职能，把简政放权、放管结合作为"当头炮""先手棋"。两年多来，简政放权力度空前，成效显著，有力地激发了市场活力和社会创造力，在世界经济总体上复苏艰难、国内经济下行压力加大的情况下，我国经济能持续较高增长，经济结构不断优化，就业率不降反升，社会保持和谐稳定，可以说，简政放权等改革所释放的红利发挥了关键作用。

这轮改革之所以取得如此明显成效，首先最重要的一点，就是党中央、国务院的坚定决心和各地各部门的积极响应，上下同欲者胜。像国务院先后三次专门召开电视电话会议进行动员部署，各地各部门下大力气抓落实，还相应建立了有关协调推进和督促检查落实的工作机制等，这在过去是不多见的。二是新的理念支撑，这就是使市场在资源配置中起决定性作用和更好发挥政府作用，创新理论引领实践。发展市场经济，只有把政府不该做、做不好的事减下来，才能为市场发挥作用创造条件，也才能使政府集中精力把该做的事情做好。三是回应了社会关切，政之所兴，在顺民心。下决心简政放权，无论是释放创业创新活力，还是从源头上遏制和防治权力腐败，都已形成了广泛社会共识，这也是广大人民群众的期盼和要求。

当然，在取得成效的同时，我们也应该清醒地认识到这项改革的任务仍然很艰巨。一方面，改革中遇到的一些新问题已经显现出来。比如，取消下放的审批事项含金量不够高，相关措施不配套、不衔接，保留的审批事项程序不规范、效率低，红顶中介"中梗阻"，事中事后监管跟不上等等；另一方面，改革走到这一步，更多深层次的体制机制矛盾和触动利益格局的问题也会逐步暴露出来，改革的阻力和难度将越来越大。如何看待这些问题，需要我们有一个客观、理性的分析和判断。总的来讲这些问题都是改革进程中的问题，是避免不了的。因为改革本身就是一个由浅入深、从易到难，不断发现问题、解决问题的过程，没有问题反倒不正常了。正因为如此，国务院要求把改革向纵深推进，并作出了新的部署和安排，只要不折不扣地抓好落实，这些问题就能够得到解决，企业和群众就能够在改革中更多、更公平、更实在地得到实惠。

如果我们把视野再打开一点看，改革开放走到今天，无论是改革已经取得的进展，还是把改革继续向纵深推进，简政放权始终都是一篇关系全局改革的大文章。因为在以市场为导向的改革过程中，改革每走一步，都与政府的管理息息相关，如果不首先把简政放权这篇文章做好，其他文章就难以做下去，甚至难以破题，换句话说，旧体制就难以打破，新体制就难以建立起来。某种意义上讲，从简政放权、转变政府职能入手协同推进各项改革，也是我国改革开放的一条基本经验，对此，相信很多人都会有这个看法。

改革不仅是一个逐步深化的过程，同时也是一个系统工程。从当前情况看，继续做好简政放权这篇大文章，需要更加注重改革的系统性、整体性和协同性，除了与行政审批制度改革密切相关的改革措施要加强统筹外，还要注意从宏观层面，从顶层设计上把握好三点。一个是把简政放权与转变职能紧密结合。简政放权绝不是一放了之，必须有破有立，在放权的同时必须加强和改善政府管理，也就是要"放、管、服"三管齐下，协同推进，这是社会主义市场经济的内在要求，最终目的还是要把政府职能转到创造良好发展环境、提供优质公共服务和维护社会公平正义上来。再一个是把简政放权与深化行政体制改革紧密结合。简政放权这把利剑，把传统行政体制中深层次的诸多弊端和问题更加直接地挑了出来，可以说是牵一发而动全身，必须抓住这个契机趁势而为，拓展改革。比如优化政府组织结构，科学界定政府间及其部门间职权范围，创新政府管理和服务方式，以及推进事业单位分类改革等，从而逐步建立起具有中国特色的现代行政体制。还有一个就是把简政放权与法治建设紧密结合。改革推进到哪一步，法治建设就跟进到哪一步，发挥法治的引领和规范作用，并通过法的形式巩固和发展改革成果。包括正在推进的权力清单和责任清单制度，最后都应通过法的方式加以规范和确定，实行法无授权不可为、法定职责必须为，从而向全面推进依法行政、建设法治政府的目标迈进。

此外，从机构编制管理的角度看，还要把简政放权与优化机构编制资源配置紧密结合起来。精简和严控机构和人员编制本身就是简政放权的应有之义。本届政府成立之初就提出要实现财政供养人员只减不增。这就需要把该减的坚决减下来，而且这也有利于形成倒逼机制，从而更有力地推进简政放权；同时，把调整出来的编制资源配置到一些需要加强和充实的重点领域和环节，为更好地履行政府职能提供支撑。这也是目前我们面临的一个现实问题。

总之，在当前全面深化改革的大局中，本届政府把简政放权、转变职能放在更加突出的位置全力推进，实践证明是完全正确的。我相信，只要我们以更大的勇气和智慧把这项改革向纵深推进，就一定能够取得成功，按照这个路子走下去，我国行政体制改革的最终目标就一定能够实现！

简政放权助力中国迈入"创时代"

袁曙宏

国务院法制办副主任

深化行政体制改革、继续简政放权、转变政府职能，是党的十八大确定的一项重大任务。党的十八大以来，以习近平同志为总书记的党中央对深化行政体制改革高度重视，提出了明确要求，作出了决策部署。新一届政府开门办的第一件大事，就是推进行政体制改革、转变政府职能，把简政放权、放管结合作为"先手棋"。在我国改革发展进入新的关键时期，各级政府大刀阔斧进行"自我革命"，力度大、范围广、推进快、影响深，在简政放权、放管结合、优化服务上实现了重要突破，取得了明显成效。

一、全面深化改革大潮催生新一轮简政放权

新一轮简政放权既产生于党的十八大之后掀起的全面深化改革大潮，又勇立于这场大潮的潮头。习近平总书记明确指出："经济体制改革是全面深化改革的重点，核心问题是处理好政府和市场的关系，使市场在资源配置中起决定性作用和更好发挥政府作用。"李克强总理强调：简政放权"紧紧抓住了行政体制改革和经济体制改革的核心，把握了完善社会主义市场经济体制、加强社会建设的要害"。因此可以说，坚定不移推进简政放权，是使市场在资源配置中起决定性作用和更好发挥政府作用的关键一招，是对各项改革具有牵一发而动全身作用的"牛鼻子"。

居敬行简、为政至简是这轮简政放权的基本理念。"大道至简，有权不可任性。"李克强总理在 2015 年政府工作报告中的这句话获得了代表们的共鸣。居敬行简、为政至简理念既是对中华民族几千年优秀传统文化的汲取和借鉴，更是对改革开放 30 多年来简政放权、放开搞活成功经验的概括和总结，其要义在于政府施政应当以敬民之心行简政之道。只有相信人民、依靠人民、服务人民，向市场放权、向企业放权、向社会放权，千千万万个市场主体和企业家才能破土而出、茁壮成长，蕴藏在人民群众中的无限创造力才能充分激发，我国的经济社会发展才能永远充满生机和活力。

坚决有力、深入持久是这轮简政放权的鲜明特征。抓而不紧，等于不抓。本届政府重在对简政放权抓住不放、久久为功：一是"上下放"，不仅国务院各部门要放权，地方各级政府也要放权，形成上下联动之势；二是"内外放"，不仅要取消和下放行政机关不必要的行政审批权，而且要清理规范与行政审批相关的中介机构，大力整治"红顶中介"；三是"持续放"，在短短两年多的时间里先后 7 次取消或下放 537 项行政审批事项，把简政放权不断向纵深推进。

大众创业、万众创新是这轮简政放权的重要目标。困难产生阻力，也形成动力。我国当前正面临着经济下行压力持续加大等严峻困难和挑战，但这些困难和挑战也正在倒逼我们创造一个最好的创业时代。简政放权、削减审批、降低门槛、优化服务，目的正是给亿万劳动者搭建"创平台"，在全社会培育"创新客"，为我国经济发展引入"创动力"，从而加速建设一个大众创业、万众创新的"创时代"。

转变职能、优化服务是这轮简政放权的核心任务。我国政府职能转变长期以来之所以"久推难转"，既有市场经济体制不完善、市场没有在资源配置中起决定性作用这个根本原因，也有推进力度不够、认识不到位、各项改革措施不配套等具体原因。这轮简政放权在全面深化改革的大背景下，紧紧围绕政府职能转变这个核心强力推进，把大力取消和下放行政审批事项作为突破口和当头炮，立杆扬旗、逢山开路、遇河架桥，强调放、管、服紧密结合，做到权力"瘦身"、职能"健身"，加快实现政府职能向创造良好发展环境、提供优质公共服务、维护社会公平正义的根本转变，努力建设职能科学、结构优化、廉洁高效、人民满意的服务型政府。

两年多来的简政放权，打开了经济体制和行政体制改革的瓶颈，冲破了束缚全社会创新创业创造活力的围堰，对牢固确立政府服务理念、加快转变政府职能、创新政府管理方式、提高政府治理效能，对解放和发展社会生产力、解放和增强社会活力、推动我国经济转型升级和健康发展，都有着重要意义。

二、坚决放、有效接、创新管是深入推进
这一轮简政放权的三大法宝

在深入推进简政放权的过程中，放得下、接得住、管得好是三个紧密衔接、相互依存的重要环节，任何一个环节的成效都关乎这轮改革的成败。只有做到坚决放、有效接、创新管，三举齐下、协力推进，才能真正实现放管结合、活而有序的最佳状态。

坚决放，直接决定着这轮简政放权的开局。行政权力天生就具有自我膨胀和扩张的本性，每一项权力背后都是活生生的利益，每一次权力的取消和下放都联结着利益的较量和博弈。因此，让政府削自己的权、割自己的肉，必然会遭到各种有形无形的困难和阻力。这一轮简政放权虽然取得了初步成效，但一些部门和地方对行政审批权仍然恋恋不舍，"没好处的容易放、有油水的死命攥""明放暗不放""小放大不放""虚放实不放""左手放右手""割肉变成剪指甲"等现象仍然不同程度存在，既有"最初一公里"尚未彻底打通的问题，也有

"中间一公里"肠梗阻严重的问题,更有"最后一公里"还没真正触及的问题,一定程度上造成"上面改革不少","下面感受不深"。有一种说法,认为目前简政放权是大领导加油门、中领导挂空挡、小领导就是不松刹车,虽然未必完全准确,但值得我们深思。毫无疑问,放仍然是当前简政放权中矛盾的主导方面,决不能有歇歇脚、喘口气、差不多了的松劲思想。行百里者半九十。只有坚决放,才能破除一切举棋不定、迟疑不前的观望行为,打破一些部门权力过分集中的利益格局,铲除权力寻租、腐败滋生的"土壤",改变旧的政府管理理念和方式,真正简出活力、放出效率,加快形成适应社会主义市场经济要求的现代政府管理模式和方式。

有效接,直接关系着这轮简政放权的中局。简政放权既要放也要接,权力悬空不行,"自由落体"不行,在基层、市场和社会"消化不良"也不行。接不好,必然导致放不下、放不合理、放不彻底。这就要求政府、市场、企业、社会科学定位、各就各位,该交给下级政府的交给下级政府履行职责,该交给市场的交给市场自我调节,该交给企业的交给企业自主决策,该交给行业组织、中介机构、社会组织的交给其自治管理。应当说,有效接比坚决放难度更大。在这两年的实践中,一些省、市、县级管理部门由于人员、知识结构、经验水平等方面不适应简政放权的要求,一些行业组织、中介机构和社会组织由于自治管理能力不足,对于下放的行政权力接不住、用不好,已经造成了一定的不便和混乱,甚至出现了"权力真空"和"管理盲区",消减了简政放权的成效,影响了人民群众的获得感。只有在继续坚决放的前提下,尽快把有效接作为当务之急,才能防止简政放权变成权力"放羊",保证取消或下放的行政权力"有人接有人管",从而实现市场自主调节、社会自我治理、政府有效管理的无缝衔接和良好共治。

创新管,直接影响着这轮简政放权的结局。当前,我国市场经济秩序还很不规范，一些市场主体不讲诚信，假冒伪劣屡禁不绝，侵犯知识产权时有发生，市场违法行为比较严重。商事制度改革推动新的市场主体大量涌现，行政审批制度改革助力经济领域新产业新业态如雨后春笋，如果不加快创新监管方式、加强事中事后监管，市场秩序混乱就可能加剧，"劣币驱逐良币"的扭曲效应就可能放大，简政放权的正能量就可能消失。在这轮简政放权过程中，国务院明确要求，对取消下放的每一个项目都要同步研究、同步提出加强事中事后监管的措施，并同步落实。这比单纯减权放权要求更高，对各地区、各部门来说都是新的考验和挑战。长期以来，一些监管部门和监管人员习惯于以审批方式管理经济和社会，对审批熟门熟路、经验丰富，而一旦削减了审批，就不知道如何监管，新办法不多、新知识不够。我们要认识到，只有创新管，各级政府才能有效适应简政放权对市场监管的新要求，确保市场秩序不因放权减权而混乱，社会自治不因放权减权而失序，真正实现以权力的减法赢得市场和社会活力的乘法。

三、运用法治方式保障经济社会既生机勃勃
又活而有序

"一放就乱、一管就死"，这是我国历次机构改革、简政放权始终无法摆脱的怪圈。究其原因，主要还是由于以往过多依赖人治思维和行政方式推进改革，放权缺乏明晰、可预期的规则标准，监管缺乏适应新要求的方式方法，导致每次改革容易穿新鞋走老路，雨过地皮湿，之后不久又故态复萌。破解这一历史难题，根本上还是要善于运用法治思维和法治方式。法治的规范性、稳定性、预期性、强制性等特点，要求简政放权、放管结合必须明制度于前、施严管于中、重威惩于后，切实以法律规范清权、减权、放权、制权、晒权、行权，做

到始终在法治的轨道上推进改革。

要立规则标准等刚性制度于前。"法乃国家布大信于天下"。市场经济是法治经济、诚信经济，首先要给市场定规矩，给市场主体立标准。规矩定则行为明，行为明则秩序成。这轮简政放权中央和地方政府取消、下放了大量行政审批，拆除了一道道严重束缚市场和社会活力的"审批门""玻璃门""弹簧门"，最大限度地把从事市场经济活动的自主权、经营权、决定权还给市场主体，使其从审批客体变成市场主体，从"获得许可才可为"变成"法无禁止即可为"。这是市场监管理念的重大转变和监管方式的重大创新，是以事前立路牌、安红绿灯方便市场准入，代替事前设审批、置关卡限制市场准入。这就要求行政机关应当把事前监管工作重心从主要进行行政审批转变到主要从事制定规则、规划、标准上来。要使规则标准更加科学、明确、及时、好用，让市场主体知晓只要合法合规，就可以自主自律地进行一切市场活动，利益可预期、后果自负责，切实保障市场竞争公平化和市场效率最大化。

要施严密的常态化监管于中。《黄帝内经》中有句名言："是故圣人不治已病治未病，不治已乱治未乱。"大量取消和下放行政审批之后，如何做到宽进严管，把绝大部分违法行为预防和消除在苗头阶段，防止其坐大成乱，保证市场经济既充满活力又并然有序，就成了加强和创新事中监管的主要任务。长期以来，我国的市场监管形成了重事前审批和事后惩治、轻事中监管的"哑铃型监管模式"，希冀主要靠事前严禁和事后严惩来规范经济社会秩序。实践表明，这种模式既极大抑制了市场经济活力，又严重损害了公民法人权益，还明显加大了行政执法成本，是一种双输甚至三输的监管模式。试想，如果违章建筑、违法工程、违法征地、违法开矿等违法活动不能在刚开始实施阶段就被坚决制止，一定要等到建筑、工程、征地、开矿等竣工或完成后再去强制拆除、恢复原状，那全社会要承担多大的成本和代价？而我们多年来的监管模式，恰恰在很大程度上是造成这种损失的始作俑者。适应简政放权的新要求，我国亟须建立一种更加重视过程监管的两头小、中间大的"橄榄型监管模式"。这就要坚决纠正一些监管部门和监管人员对过程监管不懂、不想、不会的观念和倾向，尽快把行政执法的重心从事后严惩转到事中严管上来。一要着力加强事中综合监管。大力推进跨部门、跨行业综合执法改革，减少执法层次、整合监管队伍，把取消和下放审批调剂出来的人员用于充实市县基层事中监管执法力量。二要加大过程常态化严密监管力度。综合运用信息公示、随机抽查、暗访暗查、"智能监管"、投诉举报、同行监督、黑白名单等各种事中监管手段，让任何违法行为一经实施、即被发现，让一切违法者一处违法、处处受限，织就对违法行为即时发现、纠正、惩处的"恢恢法网"。三要全面推进事中监管方式创新。特别是要适应科技进步和"互联网＋"的新形势新要求，重视运用科技手段和大数据、云计算、物联网等信息化手段创新过程监管方式和执法手段，探索实行"互联网＋监管"模式，使市场监管方式方法及时跟上现代市场经济和科技进步的快速发展变化。

要行猛药去病重典治乱于后。乱世用重典，盛世治乱也要用重典。不论事前规则、标准如何严格，事中监管、执法如何严密，总会有少数严重违法者漏过事中监管的法网。特别是我国经济社会正处于迅速转轨过程中，市场监管模式也正处于快速转型过程中，长期事中监管乏力造成食品药品安全、生产安全、环境安全、网络安全、公共安全、交通安全等领域问题突出，有些领域甚至坐乱成势，亟须重典治乱、严厉执法。非如此，不足以遏制这些领域安全事件高发频发的态势，不足以迫使一些企业、公民重塑信用和职业道德，不足以确立宪法法律的至上权威，也不足以为提高事前事中监管成效创造良好的法治环境和条件。当前，对重点领域严重危害人民群众生命财产安全的行为、主观故意造成严重违法行为、重大恶性违法行为、多次重复违法行为等，必须坚持严字当头、重点打击，既严格执法，在法定处罚种类和幅度内从重从快惩处，又严密执法，不使每一个严重违法者逃脱法网。唯此，才能激浊扬清、瘅恶彰善，"以霹雳手段，显菩萨心肠"，让严重违法企业和公民付出难以承受的代价，让其他企业和公民不敢越过违法的红线，让守法企业和公民获得遵守制度的红利，从而以治标推动治本，以重点领域和方面的治理带动各领域和各方面的治理，最终实现整个经济社会的简政宽政和良治善治。

总之，只要我们坚守法治精神，勇于和善于运用法治思维和法治方式破解"一放就乱、一管就死"的历史窠臼，转变监管理念、创新监管方式，实行事前明规、过程严管、后果重惩，使尊法守法成为企业和公民的行为准则，使公平竞争成为市场主体的经营法则，真正在全社会形成崇尚法治、敬畏法治、厉行法治、捍卫法治的强大"法治气场"，就一定能建设一个规则明晰、预期稳定、自主自律、公平公正、守法诚信的法治市场和法治社会。我们十分欣喜地看到，在奋力建设法治中国的进程中，一个创新中国的时代正在扑面而来。

创新和加强监管
提高政府治理水平

魏礼群

国务院研究室原主任、国家行政学院原常务副院长、
中国行政体制改革研究会会长

一、对新一轮简政放权改革的基本估计

党的十八大以来，新一届政府在以前改革的基础上，进一步加大行政体制改革力度，紧紧抓住转变政府职能这个关键环节，着力推进简政放权、放管结合，采取一系列措施，取得了显著成效。但这项改革仍处于攻坚阶段，任务相当繁重和艰巨。我认为，在深化简政放权改革、转变政府职能方面，应该说两句话：一句话是坚定不移搞放权，坚决把该"放"的彻底放开、该"减"的彻底减掉、该"清"的彻底清除，不留尾巴、不留死角、不搞变通；另一句话是理直气壮抓监管，要做好简政放权的统筹谋划，提高政府治理水平，特别是创新和加强监管，敢于监管、科学监管、善用监管。

二、高度重视创新和加强政府监管

这是健全社会主义市场经济体制的内在要求。在社会主义市场经济体制框架中，既要发挥市场对资源配置的决定性作用，又要更好发挥政府的作用，特别是加强对经济社会运行的引导、监督和规范作用。简政放权是要把本来属于市场、公众、企业、社会组织和地方政府的权力交出去，充分尊重它们的权利和发挥它们的应有作用，最大限度地增进经济社会发展活力、创造力和运行效率。同时，放权不等于一放了之，完全撒手不管。没有规矩，不成方圆。简政放权以后，政府监管必须跟进。简政放权，放开放活是改革；实施有效监管，管住管好，也是改革。这二者都是社会主义市场经济体制的内在要求，不可或缺，不能偏废。

这是推进政府治理现代化的重要环节。我国政府改革和建设的重要目标，是推进政府治理体系和治理能力现代化。简政放权，化繁为简，是建设现代化政府的必由之路。实施有效监管是政府治理现代化的重要标志。只有把不该由政府管理的事项转移出去，才能从制度上保障市场在资源配置中发挥决定性作用。同时，政府也才能有更大的力量履行好创造良好发展环境、维护社会公平正义以及宏观调控、市场监管、社会管理和公共服务的职能，更好建设创新型政府、法治型政府和服务型政府。

这是当前顺利推进改革发展的迫切需要。我国改革开放和经济社会发展的主流是好的，但当前存在的突出问题是市场经济本身还不够完善，市场秩序不规范。一些企业和社会组织缺乏诚信意识，不守法经营，各种制造假冒伪劣、侵犯知识产权、坑蒙拐骗、破坏生态环境、危害公共安全等现象屡见不鲜。例如，新型网络投资诈骗活动猖獗，"含铝包子"禁而不绝。其中的重要原因，是对市场主体缺乏监管或者监管力度不够。在继续简政放权的情况下，只有"放"和"管"两个轮子一起转，在降低门槛和打开前门的同时，及时创新和加强事中事后的监管，才能走出以往那种"一放就乱、一管就死"的怪圈。

从国际市场经济发展的经验教训来看，市场作用不断发挥的历史，也是政府监管不断创新和加强的过程。不论哪个国家在什么时候忽视或放松政府监管，就会发生始料不及的严重问题。最近，笔者看到担任奥巴马政府信息与监察事务办公室主任的卡斯·桑斯坦，撰写了一部名为《简化——政府的未来》的专著，全面论述了在自由市场经济的美国如何与时俱进地创新政府监管工作。他认为，"没有监管，也不会有自由市场"。2008 年，美国爆发殃及全球的金融危机，一个重要原因是美国政府一度放松了金融监管。作者在书中写道："2009—2012 年，我国开始了政府监管的创新。"我们是实行社会主义市场经济的国家，更需要重视抓好监管，而且也有条件有能力搞好监管。所以，在深化简政放权改革中，必须高度重视实施政府的有效监管，特别要创新政府监管。

三、全面把握政府监管面对的新情况新要求

所谓监管，就是"监视管理"。它同行政审批不同，监管是事中事后的行政行为，是持续的过程管理；行政审批是事前审查管控，是一次性源头管理。不同的历史条件和管理体制，有着不同的监管模式。在我国新的历史条件下，搞好政府监管，一要创新，二要加强。首先要创新，只有创新才能加强，也就是说，政府监管必须立足于创新，着眼于创新，致力于创新，在创新中加强。这是经济社会发展和改革开放新形势、新发展的要求。传统的监管理念、监管制度、监管方式和监管手段，已难以适应时代发展的要求，政府监管必须创新。

之所以要加强监管，这是因为长期以来计划经济的重事先审批、轻事中事后监管的传统思维与做法影响深远，目前不少地方政府及其工作人员对监管的认识不足、知识不足、能力不足，不愿监管，也不善监管，许多部门、地方的监管制度形同虚设，监管令成一纸空文。目前突出的问题有：一是相关部门、地方改革进程不同步，监管难以到位；二是企业和市场主体数量增多，市场规模扩大，有不少市场主体资质参差不齐，登记信息不足甚至失真，使监管任务增加，监管难度加大；三是监管体制不适应，监管职能分散；四是监管规制依据不

足，标准体系和标准落后；五是监管机制不完善，信息沟通不畅，规避监管执法现象较为普遍，绩效评估与问责机制缺失；等等。解决这些问题，既需要创新监管也需要加强监管。

在新的形势下，创新和加强监管应当注意把握以下几点：一是有利于市场配置资源决定性作用的发挥。要明确监管的范围、对象，不是所有取消的审批事项都需要政府实施特殊监管措施，要有所为，有所不为。监管不是越多越好，监管过滥也会引发新的问题。凡是该由市场、企业、基层社会组织自行决定的事项，就要由市场、企业、基层组织依法自行决定，政府不必加以干预，不能把事中事后监管当成新的行政管控的翻版。二是有利于改善民生和创新创业。监管体系必须注重保护人民群众的生命安全、身心健康、社会福利和生活环境，必须能够推动经济持续增长、促进创新和增加就业机会。监管方式和措施应尽量减少企业和社会组织负担，以不断提升创新力、竞争力。三是有利于减少成本，提高效益。监管内容、监管环节、监管方式、监管制度必须考虑改革成本与效益相称，以监管成本较低的代价换取较高的监管成效。四是有利于发挥中央和地方各级政府的积极性。中央对地方下放权力，要做到权责统一，同时要因地制宜，因势利导，特别是要充分发挥县级政府的监管、执法作用。

以上概括起来说，就是要树立与社会主义初级阶段的基本国情相适应，与开放、动态、信息化社会环境相适应的政府监管理念、监管体制、监管制度、监管机制、监管手段和监管方法，确保政府监管更好地体现时代性、把握规律性、富有创造性、讲求实效性。

四、加强顶层设计，科学实施监管

要从全局和战略上统筹谋划全面深化简政放权、放管结合的改革任务和目标，按照完善社会主义市场经济体制要求，构建全过程、立体式、开放型、现代化的政府监管体系，有步骤地协同推进放权与监管改革。同一重要事项所涉及的部门、地方要同步放开、同步下放、同步跟进监管，不能你放我不放、你管我不管。对已经简政放权的，要抓紧清理和制定统一、权威、系统的监管制度。无论是行政审批、投资审批、商事制度改革，还是职业资格许可认定、收费管理和科教文卫体等社会领域，凡是需要加强事中事后监管的，都应当明确监管任务、内容、标准、程序、方法，有的需要重申已有的制度、标准、做法，有的需要根据新情况、新要求更新监管内容、标准和措施。要健全分工合理、权责一致的职责体系，重新明确监管主体、监管职能、监管责任，并公之于众，公开透明，接受社会监督，以做到监管有权、监管有据、监管有责、监管有效，避免出现监管过度或监管真空的现象。对今后还需要进一步简政放权的，应预为之谋，在放权之前就做好创新和加强监管的设计工作。

五、完善监管体制，形成"大监管"合力

一要建立跨部门、跨行业的综合监管和执法体系，把相关部门的监管事项、监管规则都放到统一的监管平台，让几个"大盖帽"合成一个"大盖帽"，形成监管和执法合力。二要构建协同共治监管体系。强化行政部门监管，充分发挥监管部门的职能作用；同时，广泛吸引公众参与监管，充分发挥社会组织的作用，切实落实企业首负责任，还要重视发挥媒体舆论的监管作用。三要推进社会信用体系建设。各部门、各地方都要加快完善市场主体信用公示系统，推进各部门、各方面信息互联共享，构建以信息公示为基础、信用监管为核心的监管制度，形成一个管信用平台。建立诚信档案制度、失信惩戒制度。

六、创新监管方式，提高监管效能

一是实施"阳光"监管，凡是不涉及国家秘密和国家安全的，各级政府要把简政放权后的监管事项、监管依据、监管内容、监管规制、监管标准公之于众，有关企业、社会组织也要按时、全面、准确地公布受监管活动的运行状况，监管和执法部门应对信息披露的全面性、真实性、及时性进行监管，对违反信息披露规定的行为及时查处。二是推行"智能"监管。要积极运用互联网、云计算、大数据等信息化手段创新和加强政府监管。要全面开发和整合各种监管信息资源，加快中央部门之间、地方之间、上下之间信息资源共享、互联互通，对被监管事项活动实行全覆盖、立体化、实时性监管。三是创新日常监管。建立"双随机"抽查制度，即随机抽查监管对象、随机指定抽查人员，既抽查公示信息情况，也抽查诚信守法状况。还可以推广权威性的第三方评估，对监管者和监管对象的行为作随机抽查评估，发现问题，提出整改意见，及时发出黄牌警告或出示红牌令其退出市场。

七、加快修法立规，提供法治保障

要运用法治思维和法治方式创新和加强监管。现行的许多法律法规中一些条款是以前计划经济色彩较浓情况下制定的。鉴于简政放权的改革已全面展开，国家层面的法律法规修订工作必须抓紧进行，避免改革与法治的"冲突"。应及时修改补充完善相关法律法规，为简政放权之后行使监管执法职能、规范行政监管和执法提供制度引领和保障。特别是要严格执法，加大对违法违规行为的惩处力度，增强监管执法的威慑力、公信力，使监管对象不敢触碰违法运行的红线。

八、推进机构改革，强化综合执法

落实"创新执法体制"的要求，加快推进统一市场监管和综合执法模式，构建"一支队伍管市场"综合执法格局，形成市场监管、执法的合力。已经建立综合监管执法机构的地方，要充分发挥执法力量整合优势，通过市场主体信用信息公示系统归集、公示市场主体登记注册、许可审批、行政处罚等信息，实现内部联合惩戒。为了彻底解决目前多头监管执法和权责交叉的问题，可以适时推进市场监管的大部门制改革。

九、提升队伍素质能力，加强对监管者的监管

要着力提高各级政府人员的素质能力，特别是提高责任意识、担当精神、专业能力，使他们能够敏锐识别发现问题、敢于揭露解决问题。既不能包揽过多、胡乱作为，也不能撒手不管、懒惰不为。随着简政放权改革的进一步深化，必须加强地方政府特别是县（乡）镇基层的监管能力建设，适当调整职能机构，充实人员，强化培训，增加技术设备，这样才能适应部分审批权下放和监管权增加的需要。要建立对监管者的监督、评估机制，加强政府内部层级监督和专门监管，对各级各类行政行为实行全方位监督。健全并严格执行监管责任制和责任追究制。

十、深入研究监管理论，制定创新监管战略

深化简政放权，做到放管结合，是推进政府治理现代化过程中广泛而深刻的变革，是摆在各级政府面前繁重而紧迫的任务。面对新形势新任务，必须深入研究新形势下政府监管的理论问题，包括创新和加强监管的依据、内涵、原则和方法。只有理论创新上取得新进展，才能提高实践的预见性、自觉性、创造性和坚定性。这其中最重要的，是不断深化对政府与市场、政府与社会关系的认识和思考。实行社会主义市场经济，使市场经济制度与社会主义制度有机结合起来，我们虽然进行了三十多年的理论探索和实践创新，也取得了丰富的成果与经验，但至今"还有许多未被认识的必然王国"。我们应当继续努力学习，勇于探索，积累经验，在实践中不断地加深对它的认知，弄清楚它的规律。特别是实行社会主义市场经济又面临互联网时代催生新的经济社会形态的条件下，如何创新和搞好政府监管，也是一个必须深入研究的重大课题。在推进理论创新的同时，还需要抓紧研究制定富有中国特色、科学有效的创新政府监管战略，加快建设现代化创新型、监管型政府，以切实提高政府治理水平，更好推进国家治理体系和治理能力现代化。建议国务院组织专门力量，抓紧开展这一重大的课题研究，并争取尽早拿出有价值、高质量的成果，以更好服务于中央决策和改革实践。

简政放权与培育自主经营的市场主体

厉以宁

北京大学光华管理学院名誉院长、教授

一

早在 20 世纪 80 年代中期，当国内经济学界反复争论究竟应以放开价格为主还是应以重新构造市场主体为主时，笔者就提出，重新构造市场主体要比放开价格更为迫切。笔者的理由是：在计划经济体制下，国有企业并不是真正意义上的企业，因为一切都要听命于行政主管部门，企业只不过是行政附属物而已。换言之，企业的自主经营是一句空话，企业的自负盈亏根本不可能实现，企业的生产听从行政主管部门的指示，企业产品的销售也必须服从行政主管部门的安排。在这种情况下，还谈什么市场经济？还谈什么市场配置资源？

因此，中国经济体制改革中的头等大事，不可避免地是把企业改造为自主经营的市场主体，这样企业才有活力，市场经济才有可能出现并逐步发展。1991 年经济日报出版社出版的拙著《非均衡的中国经济》一书，表述了我的观点。

从 1991 年至今已经 25 年了。中国的企业改革有了显著的成绩。一方面，国有企业经过产权的清晰和股份制改革，有些成为上市公司，但另一方面，无论是在会议上还是在会议休息期间同一些国有企业或国家控股、国家参股的企业负责人交谈时，却听到他们的牢骚或抱怨。他们说，改成股份制企业或混合所有制企业已经好些年，除了引进了资金以外，企业依然没有摆脱受制于上级主管部门的状态，什么自主经营、自负盈亏，都是空话，企业仍旧没有摆脱行政附属物的地位。

这些话使我感到吃惊。不是产权界定和产权清晰化没有任何效果，而是这只不过是当初建立股份制企业必须具备的前提条件，更是成为上市公司时必须经过考核的一个指标。然而，企业改为股份有限公司了，各种审查都合格了，为什么政企分开却一直未能实现？企业作为市场主体照理说应有自主的投资决策权，开拓市场的决策权，以及生产和销售新产品的决策权，但为什么它们仍不得不服从主管部门的决策呢？只能得出这样的结论：建立股份制企业或者改制为上市公司，并不表明企业已经是名副其实的市场主体了。行政主管部门对这些股份制企业和上市公司的干预和指令并未减少。

从这里得到一个启示，当初在 20 世纪 80 年代有关中国经济体制改革的学术研讨中，我对计划经济体制的牢固性的认识是不足的。根据那时的看法，我似乎把计划经济体制向市场经济体制的转变看得过于简单了。我当初以为，只要进行产权改革，使国有企业的产权明确和产权清晰化，国有企业通过股份制改革，成为股份有限公司或上市公司后，就可以成为市场主体，参与市场竞争，并将在这个过程中成长为十足的市场主体，从而会实现"重新构造社会主义微观经济"的目标。经过这些年来对中国经济体制改革过程的参与和深入调研，笔者认识到，产权明确和产权清晰化固然重要，但仅凭这一点，还不足以使企业成为名副其实的、有充分活力的市场主体。

从中国国有企业改制为股份制企业或上市公司以后的情况可以了解到，在中国要实现由计划经济体制向市场经济体制的转变，对计划经济体制的牢固性必须有进一步的认识。计划经济体制是一个庞大的、组织严密的巨网，它不会因政府声称要"让市场调节在资源配置中起决定性作用"而自动退出历史舞台，也不会因企业一个个改制为股份制企业和上市公司而取消自己的影响力、控制企业的权力。

那么，怎样使国有企业（包括国家独资、国家控股、国家参股的企业在内）成为名副其实的、有活力的、自主经营的市场主体呢？看来，简政放权是重要的一步，即消除计划经济体制的影响和进一步发挥市场经济作用的重要的一步。

二

问题不只在于国有企业的处境。在民营企业的成长过程中，我们同样了解到民营企业缺乏活力，从而缺乏信心的例证。民营企业照理说只要是不违法经营，那就不应成为问题。也就是说，民营企业只要遵守负面清单的规定，不触犯法律底线就行了，但实际生活中并非如此简单。

我曾在某一个经济发展比较落后的地级市进行考察。去之前，就听到一些民营企业家说："那个地方可不能去投资，因为政府不讲信用。最初对我们这些准备到那里投资的人，作了不少承诺，等后来我们去投资了，过去的承诺都不兑现了，要我们补缴这个费、那个费。我们想撤出投资已不行了，但继续投资，盈利已不可能，只好自认倒霉。"还有的民营企业家说："那时的市领导人同我们谈得很好，但过了一年，他调走了，新上任的市领导人不承认前任的承诺，谈判只好从头开始。"市场经济是讲信用的，工商界要讲信用，政府负责人同样要讲信用，否则谁还敢前去投资呢？

民营企业所反映的问题还是很多。比如说，即使同当地政府谈妥了，但从项目的报请批准，要经过多少道关，每一道关都要缴费，有的还要额外送礼。耽误了日期姑且不算，缴费送礼积累起来就是一大笔钱。这是 2012 年我听到的情况，估计最近情况会有好转，因为简政放权工作开始了。

在另一个经济比较发达的沿海城市考察时，听到有的民营企业家向我们反映，在这里，登记办企业，程序、手续都比较简单，可是技术改造花费的时间太长。企业想推出新产品或提高产品质量，需要更新设备，却遇到了障碍，不仅要缴一定的税费，并且政府主管部门多次派人下来考察。企业家反映说："技改花钱不少，除了投资成本以外，还有'公关成本'。"所以有的企业家埋怨道："技改不是好事吗？为什么这么刁难我们？"前几年在某个沿海省份就流行过这样一段话："不搞技改，等死；搞技改，早死！"这样，一般民营企业谁还有搞技改的积极性？

民营企业家所反映的上述问题清楚地告诉我们：民营企业本应该是最有活力的，为什么有些地方的民营企业对前景越来越不乐观，缺少信心呢？"非公经济36条""非公经济新36条"已公布这么久了，为什么民营企业仍然会感到没有"松绑"呢？明确地说，依旧是计划经济体制在起作用，它在束缚民营企业的手脚。

一个明显的例子就是领域准入问题。为什么有些领域不容许民间资本进入，这是由行政主管部门说了算的。民营企业家说："'非公经济36条'中说民间资本可以进入某些领域，大门似乎敞开了，但实际上民间资本进不去，因为还存在着一道'玻璃门'。"这是指：尽管"非公经济36条"上说对民间资本敞开大门了，但大门敞开后还存在一道"玻璃门"，可以看到里面，但还是进不去。有的地区把"玻璃门"改称为"旋转门"，即民间资本可以进去，但这是一个"旋转门"，一旋转，跟着又出来了，仍被排斥在门外。

还可以举一个例子。民营企业家反映说："重大项目实行招标投标制，这是公平竞争的表现，按道理说这是市场经济的做法。但实际上却是保密的，即只把招标投标的信息告诉国有企业，等民营企业知道消息时，招标投标会议已经结束了。"他们认为这就是对民营企业的歧视，也是限制民营企业的手段之一。

虽然上述主要是几年前的情况，最近已经有所改进，比如领域准入的限制已经陆续取消，又如招标投标对民营企业的排斥现象已经减少，但要破除计划经济体制对民营企业的影响，肃清市场竞争中不公平、不公正、不公开的现象仍需要继续努力。民营企业进入真正的公平竞争状态，尚需一定的时日。

三

根据以上所述，无论是国有企业还是民营企业，甚至是按照规定新组成的混合所有制企业，如果不继续进行简政放权的改革，都很难成为有活力的市场主体。

这里还有必要讨论一下宏观经济调控的适度问题。宏观经济调控作为一种调节经济运行的政府行为和政策手段，在市场经济中是不可缺少的。但必须调控适度，否则难以达到既让国民经济处于稳定状态，又让各种所有制的企业都有积极性，有活力，有自主经营的市场主体地位。

为了保证宏观经济调控发挥正常的作用，应当注意以下三点：

第一，必须记住，现在我们所说的宏观经济调控是社会主义市场经济中的宏观调控。它应该有法律法规的依据，它应该是法治国家中的宏观经济调控。调控不能违背法治的原则。

第二，宏观经济调控需要相机抉择，即一定要从实际情况出发，而不是按某种固定不变的模式到处搬用。形势是变化的，所以宏观经济调控必须根据形势而采取适当的对策，该紧则紧，该松则松，该启动则启动，该暂停则暂停。在调控中应当根据经济结构的实际情况，该采取结构性调控措施就采取，这就是所谓定向调控。

第三，宏观经济调控的目的是维持经济平稳运行，调控本身只是一种手段而不是目标本身。不能把宏观经济调控当作万灵丹药，因为任何调控行为都会有后遗症，也许眼前看不出来，要隔一段时间才显现出来。一定不要养成"宏观经济调控依赖症"，即认为离开宏观经济调控，什么事都干不了。"宏观经济调控依赖症"是有害的。如果什么都要依靠宏观经济调控，还怎么实现"市场调节在资源配置中起决定性作用"？

在市场经济体制下，管理既是一门科学，又是一门艺术。微观单位的管理是如此，国民经济管理尤其如此。管理作为一门科学，无论微观单位的管理者还是国民经济管理者都应当懂得科学管理的道理，不要做违背科学的事情。而管理作为一门艺术，则更应当靠微观单位管理者和宏观经济管理者的作为，他们应当站得高一些，看得远一些，运筹自如，才能得心应手。以宏观经济调控来说，当前的形势不同于若干年前，甚至一两年前，没有一种可以照抄不误的调控行为，否则一定会出问题。实际上这同历史上的历次大战役一样，再杰出的统帅、指挥官，他们也要熟读兵书，记得过去的战例，但有谁是靠照抄照搬而获胜的呢？没有。因此，有智谋的统帅、指挥官之所以取得胜利，全靠善于根据形势的变化而把兵书活学活用，把敌我双方的长处和不足深刻了解了。

四

由此我们进一步讨论搞活企业、适度进行宏观经济调控、简政放权三者之间的关系。这三者都是建立社会主义市场经济体制所必需的。三者之中，各有各的特色，也各有各的作用。

先谈企业的活力。企业的活力不仅有赖于产权的明确和产权的清晰化，也有赖于市场竞争环境的形成和市场中的公平竞争。垄断是公平竞争之大忌，是必须依法消除的。所有制歧视（如国有企业优于民营企业，国有企业优先）和企业规模歧视（宁大勿小；大者优先，小者受排挤）都需要消除。这样，企业才能具有活力，企业投资者和经营者的积极性才能迸发出来。

再谈宏观经济调控。宏观经济调控是政府用来调节经济运行的手段，也是维护国民经济稳定的措施。通常宏观经济政策有四个政策目标，即充分就业、物价基本稳定、经济持续增长和国际收支基本平衡。正因为宏观经济政策的目标是多元的，而非一元的，所以在进行宏观经济调控时，既要根据具体情况相机抉择，着重各种调控手段的有效搭配，又要适度，不能操之过急，欲速则不达。尤其是，不要因实行宏观经济调控而损害了企业的活力和积极性。合理和有效的宏观经济调控是有利于企业的竞争力提高的。

最后谈到简政放权。这里所说的简政放权，是同社会主义市场经济体制的建立相配套的简政和放权。简政是对不适合市场经济发展和市场公平竞争的实现的行政管理方式进行改革，使市场主体的活力能增强、市场主体的投资积极性能扩大，而决不是抑制市场主体的积极性的措施。在从计划经济体制向社会主义市场经济体制转变的过程中，简政放权是促进这一体制转变的，而决不是妨碍这一转变的。简政放权的结果，必然是加速市场化，使市场调节在资源配置中的决定性作用能充分发挥出来。

这里涉及了促使计划经济体制的影响逐步退出历史舞台的决策。要知道，计划经济体制一旦实行以后，是不会自动消失的。一个最重要的原因是计划经济体制依赖于国家行政主管部门的命令、指示、条例、法规、法律等而建立起来。生产单位是国有企业，它们靠国有资本的投入而成立，或通过公私合营而改制，或通过没收国民党统治期间的官僚资本而以国有企业的名义出现。没有政府的介入，不可能建立各种类型、各个行业的国有企业。再说，产品的分配，从生产资料到生活资料，都是通过计划实施的。政府掌握了配额的制定权，各个生产企业和城乡居民都得遵守政府制定的分配方案。再如，一家企业生产什么样的产品，产品销售到何处，卖给哪家企业，或直接调拨给哪些企业，都是政府决定并实施的。至于城乡居民的生活资料、住处、户籍、就业和迁移，也都在政府掌握之中。政府权力如此巨大，计划经济体制一旦建立了，它是不可能自动退出的。

改革开放以来的历史清楚地告诉我们，如果没有农村家庭承包制的试验和政府的总结、推广，农村中的计划经济体制不会改变，家庭承包制是不可能真正发挥作用和推广的。同样的改革实践表明，为什么在 20 世纪 80 年代后期，中国经济中会有最早的股份制企业，不也是依靠政府的支持吗？否则怎么会有证券交易所？国有企业会改制上市？全国人大会制定并通过《中华人民共和国证券法》？

正是在中共十四大、十五大……直到不久前召开的十八大、十八届三中全会和四中全会以后，中国的社会主义市场经济体制终于一步一步建立起来，计划经济体制终于一步一步后退、缩小影响范围。配额制终于逐渐被市场交易和市场竞争所取代。企业的活力终于通过市场化的改革而渐渐增强了。这就是中国改革的意义。这就是中国双重转型（发展转型和体制转型）的伟大成绩。发展转型指的是中国从农业社会转变为工业化社会、现代化社会；体制转型指的是中国从计划经济体制转变为社会主义市场经济体制。在中国，发展转型和体制转型是叠加的。双重转型在全世界没有先例。中国的双重转型叠加，在世界上独一无二。中国双重转型的成绩全世界有目共睹。

五

中国的双重转型仍在继续推进。从计划经济体制向社会主义市场经济体制的过渡仍未完成。前面已经说过，计划经济体制是不会自动退出历史舞台的。党中央也了解这一情况，所以党的十八届三中全会通过了让市场调节在资源配置中起决定性作用和大力发展混合所有制经济的决定。十八届四中全会通过了全面推进依法治国若干重大问题的决定。这就为中国改革的深化指明了方向。十八届五中全会从"十三五"规划的制定的方方面面向全国人民展示 2020 年的前景。改革与发展是紧密结合在一起的。不强调经济体制改革，不扎扎实实地推进改革，中国经济的持续增长将会遇到障碍。而只有突出改革，中国才能使双重转型进入一个新阶段，使发展转型和体制转型登上一个新台阶。

通过从计划经济体制向社会主义市场经济体制的继续转变，结合计划经济体制对经济的影响来深入分析改革发展之路，可以进一步明确简政放权的意义和措施的采取。从 2015 年上半年简政放权的经历和所取得的成绩来看，我们对简政放权的认识加深了。可以从下述三个方面来论述。

第一，市场经济体制之下，同样需要有适合市场经济体制的行政审批管理制度。不能说现存的行政审批管理制度都应该取消。如果有这种看法，那肯定是错误的。

市场经济的运行必须有序。市场经济体制下，强调的是有序，有法治，依法治国。市场主体就是市场经济中的一个个微观经济单位。微观经济单位总的说来分为三大类：一是企业，二是个人，三是为市场经济运行服务的管理部门。这三大类微观经济单位都应当在有法可依、有序可循的条件下从事生产经营和管理。有法可依和有序可循，企业和个人才会有积极性，有活力。有法可依、有序可循，为市场经济运行服务的管理部门才能使市场管理规范化，才能使市场经济运行正常、有序。因此，当前推行的简政放权就是依法治国、依法管理，这是保证市场经济运行正常化、规范化、有序化所不能缺少的。

第二，不能否认，由于计划经济体制曾经长期存在并发挥作用，所以在现实生活中还存在一些与社会主义市场经济不适应或不协调的行政审批管理制度。不取消诸如此类的带有浓厚的计划经济体制色彩的行政审批管理制度，有悖于建设社会主义市场经济体制的目标的实现。

正因为如此，所以有必要推进规范化的行政审批管理制度的建设，这是深化经济体制改革的重要内容之一。在规范行政审批管理制度的过程中，一是要出台新的有利于调动市场主体（包括企业和个人）积极性和增强其活力的行政审批管理制度；二是要取消那些过时的、阻碍市场经济发展的行政审批管理制度；三是要下放一批行政审批事项。把行政审批事项下放，不仅有助于增加该行政单位对某个事项审批负责的责任感，而且行政效率也会大大提高。

第三，对那些同行政审批联结在一起的收费项目，应进行一番整理。这关系到计划经济体制之下负责行政审批的部门或单位的经济利益问题，所以应当整理和重新安排。

过去长时间内，不仅企业，而且个人都对乱收费、高收费、乱罚款、高罚款及乱摊派等行为抱怨不止，认为这不仅不合理，而且往往在缴纳方面因人而异，对于同一事项有不同缴费数额，有的通过熟人或通过行贿，可以减低收费、罚款、摊派的金额。这被认为是极不公正、极不公平的收费、罚款或摊派。因此，对收费情况的清理，既是简政放权工作的一部分，也是清除计划经济体制下滥用权力，以及增加执法者不当收入的改革手段，从而这也是廉政建设的一部分。

规范行政审批管理制度工作中的清理收费和罚款行为，就包括收费项目的合法化，收费程序、收费标准和收费去向的规范化。

六

根据国际上的经验，在简政放权工作中可以向西方发达的市场经济国家学习如何制定负面清单、权力清单、责任清单，这对于促进我国行政审批管理制度规范化是有意义的。

这里提到的是三类清单，即市场准入的负面清单、政府的权力清单、政府及其部门的责任清单。下面，对这三类清单作些说明。

（一）市场准入的负面清单

市场准入负面清单的制定是为了告诉市场主体（包括企业和个人），在市场准入方面什么是不可从事的或不可介入的。负面清单所载明的就是底线、禁区。实际上，这也就告诉市场主体，负面清单没有载明的领域是市场主体可以进入的。这是规范市场行为的不可缺乏的一环。

我们常说企业应当合法经营。这句话虽然并不错误，但却难以实现。这是因为，当我们说"企业应当合法经营"时，需要自己举证"我符合某某法律法规"，内容繁杂，不易说明；而当我们说"企业应当不违法经营"时，要由检举方举证"你违背了某某法律法规"，自己有了辩护的机会，说明自己并未违背某某法律法规。这样，企业心里就有底了，企业投资人和经营管理人就有底气了，从而他们的积极性会增强，企业的活力也会增大。

（二）政府的权力清单

政府是依法执政的。政府的权力清单明确了政府及其部门的权力边界和行使职权的方式。政府的权力清单意味着政府在治理时，必须先有法律法规的授权，法无授权不可为。如果政府在执政时越过了法律法规授权的边界，那就是政府的违法。这是不允许的。政府的违法理应受到法律的处理，包括道歉、赔偿市场主体受到的损失、对行政工作人员的处置等。

市场经济体制和计划经济体制的重大区别之一是：市场经济体制

之下，政府依法执政，政府的行政权力界限由权力清单表明；而计划经济体制下，则没有对政府行政权力的界限，也不存在政府执政的"违法违规问题"。

（三）政府及其部门的责任清单

政府及其部门的责任清单和政府的权力清单有相似之处，但也有区别。同政府的权力清单一样，政府及其部门的责任清单，也表明政府的行政管理必须有法律法规作为依据，政府不能越过法律法规的授权而自行其是。政府及其部门的责任清单与政府的权力清单的区别在于：它比政府的权力清单更加明确地、更加具体地载明政府的法定职责，即政府必须做什么，怎么做，这是政府及其部门的职责所在。也就是说，在政府的权限范围内，法定的政府行政责任是必须履行的，否则就是政府的失职。

此外，政府及其部门的责任清单中还把政府及其部门的履职尽责的程序规范化、明细化。这就给公众和企业对行政部门的监督提供了可以实施的标准。

以上所谈到的市场准入负面清单、政府的权力清单、政府及其部门的责任清单，在我国还刚实行不久。这些清单的制定是我国由计划经济体制转向社会主义市场经济体制过程中的重大改革措施。我们期待在这个基础上，简政放权工作会取得更大的成绩。

七

关于国民经济的稳定和发展同市场经济的有序运行之间的关系，还可以作进一步的分析。

全国人民期待的政府行政管理改革，是建立一个法治政府、服务型政府、廉洁政府、有作为的政府。在政府朝这些目标改革的过程中，不仅要依法执政、依法行使权力，还要尽可能有作为，包括坚持创新管理，坚持发展国民经济，坚持改善民生，坚持调动和发挥公众的主动性、积极性，坚持提高企业的活力，引导企业开拓新局面。

从最近这两三年中央有关简政放权的改革的进展以及在这个领域内所取得的成绩可以清楚地看到，公众的主动性、积极性已经被调动起来了，创意创新创业的热浪正在兴起，企业开拓市场、提质增效的努力预示着企业将会有更大的活力，迎接新时期的来临。公众和企业界正在为"十三五"规划而奋斗，为实现"两个一百年"的宏伟目标竭尽全力。这就是中国特色社会主义新阶段来临的可喜征兆。

实践表明，中国经济增长和创新的潜力巨大。只要加快体制改革、深化体制改革，中国经济增长和创新的潜力就会迸发出来。不妨回想一下，30多年前，当中央推广农村家庭承包制之后，短短几年之内中国农民积极性的发挥就创造了奇迹，这就是实行多年的城市居民凭粮票和油票过日子的情况发生了根本的变化，粮票和油票都取消了。又比如说，24年前，当邓小平同志南方谈话公开发表后，全国上下显示出多大的热情啊，多少农民简装走出农村，奔向沿海，奔向城市，去寻找适合自己发展的天地；还有多少知识分子辞去公职，奔向经济特区，创办新企业，开拓新市场。上述情况就像一块大石头被投入了寂静的湖泊中，激起了层层波浪。中国特色社会主义的建设再也阻挡不住了，新形势激发了每一个有志者创业的信心。

再看看当前的中国社会，同样是在深化改革的大潮中显示出中国经济的新气象。最近两三年内，我到过浙江嘉兴市考察，亲眼看到农村土地确权以后农民积极性的高涨。他们的权益有保障了，他们经营家庭农场或农业合作社的劲头谁都抑制不了，他们在创造新农村、新城镇、新社区。我也到过北京中关村的创新创业平台，看到许多年轻的大学生、研究生、企业投资人和科研工作者在讨论创新创业的方案。我还到过重庆，看到小微企业的注册者那么高兴，那么活跃，因为开业比过去简便多了，政策优惠也一一落实。他们今年开始筹建小微企业，如果经营得当，能抓住机遇，说不定几年以后就会成长为一个中型企业。只要有希望，他们的潜力肯定会发挥出来。

企业的发展壮大同企业能抓住机遇、进发潜力和活力是联结在一起的。而企业能否抓住机遇，以及企业的潜力和活力能否进发出来，归根到底是一个体制问题。扼要地说，主要是三个体制的作用最为突出：这就是本文一开始就已论述的，一是企业的微观经济基础是否规范化，包括产权的明确和清晰，法人治理结构的完善，以及企业自身的凝聚力。要知道，有发展潜力和充沛活力的企业，才是名副其实的市场主体。市场主体自身的改革和潜力、活力的进发，既是国民经济增长的基础，也是企业成长壮大的支撑。二是政府的宏观经济调控是否规范化，是否建立在科学决策之上，以及是否符合国民经济的实际情况，是否能够调动各类市场主体的主动性和积极性。三是整个经济体制是否从传统的计划经济体制向社会主义市场经济体制转变，市场调节是否已在资源配置中发挥决定性作用。这显然不是短期内就能实现的，而必须坚持市场化的目标，使中国的经济体制朝着市场经济的方向前进。各种体制的改革也必须与此配合，其中就包括了行政审批管理制度的改革，包括了简政放权。

公众的信心是在改革实践中逐步建立的，公众的积极性是在改革不断向前推行的过程中增强的，这就是全国人民的希望所在。

如何顺利实现中国经济发展新常态

吴敬琏

国务院发展研究中心研究员

一、新常态仍待努力确立

对于经济大局，现在最热门的话题就是中国经济新常态。现在亟须做的，是对什么是中国经济的新常态，以及我们应当做些什么去适应新常态有一个清晰的认识。

近年来大多数人已经认识到，中国经济高增长、低效率、靠大量投资支撑的旧常态已经不可维持。它必然要过渡到一种新的常态。

这个新常态具备哪些特征？有多种不同的理解。大体上在两点上比较一致：第一是 GDP 从高速增长向中高速增长，甚至向中速增长转换。第二是增长方式从靠投资驱动的粗放增长转向靠技术进步和效率提高驱动的集约增长。

应该看到，这两者有着很不相同的情况。前一点，经济增长速度降低到了中高速，并将进一步降低，已经是不争的事实，而且也取得了朝野共识。至于第二点，经济增长的优化、经济效率的提高，或者说增长方式的转变，却是一件尚未实现、有待努力的事情。

我们面临这样一种情况：如果增长速度下降过程中，效率没有改善，原来由 GDP 数量扩张所掩盖的矛盾就会暴露出来，而且造成减速过快，加剧经济社会矛盾。因此，仅有增长减速而没有增长质量的提高，并不是我们希望见到的一种常态。相反，如果能够在增长减速的同时提高增长的质量，优化结构、提高效率，就能减轻增长减速的冲击，甚至能够在中速增长的情况下使人民得到更多的实惠。所以，在较高效率支撑下的中速增长，才是我们希望建立的新常态。

二、"三驾马车"分析框架的误区

研究增长降速，可以采取两种不同的分析框架。运用不同的分析框架，所得出的政策结论也会有很大的不同。

大致从2009年开始，不知什么原因，在分析中国宏观经济走势的时候，流行起一种认为经济增长速度取决于消费、投资、净出口"三驾马车"的需求大小的分析方法。也就是说，中国的增长乏力，是由消费、投资和净出口三项需求造成的。只要能够把需求扩大到足够的水平，增长就能够重上台阶。

我认为这一套分析有重大的缺点。

首先，它用错了分析框架。十分明显，"三驾马车"分析法运用的是凯恩斯主义的短期分析框架。如同大家知道的，凯恩斯主义认为，需求决定了供给的边界，因此，产出总量等于消费、投资、财政赤字和净出口四项需求的总和。不过凯恩斯用这一理论框架来分析短期经济问题，把这个分析框架用来分析长期发展显然是用错了。

其次，用这个理论框架去分析经济增长的趋势所得出的政策结论，也是有问题的。因为消费、投资、净出口需求有多大，归根到底是由一些客观因素决定的，并不取决于中国的愿望。以净出口为例，它最终取决于整个国际经济走势。过去中国对发达国家有大量的净出口，一是因为在高消费、高福利导向下，西方国家的储蓄率很低，在储蓄和投资之间有很大的缺口，需要靠从发展中国家净进口来填补；二是因为中国低成本的竞争力很强，能够在西方国家的净进口中分到一块比较大的"蛋糕"。全球经济危机发生以后，西方国家去杠杆化，提高了自己的储蓄率。这样一来，根据经济学的"双缺口模型"，只要这个西方国家储蓄跟投资的缺口越小，发展中国家净出口的可能性也越小。美国的储蓄率会有起伏，但是要想回到危机以前的水平，我看是不大可能的。随着中国劳动者收入水平的提高，中国产品的低成本优势也在减弱，因此在出口"蛋糕"中所占份额也会降低。消费需求的提高，也不是以人们的愿望为转移的。例如有人说，城市化可以使消费需求提高，因为农民进城以后消费需求会有很大的提高，所以只要加快城镇化，消费需求就提高了。这里其实是把消费需求和消费愿望混为一谈了。在经济分析中所说的需求是说有购买力的需求，有钱做后盾的需求。所以增加劳动者消费需求的前提，是增加他们的收入。而增加劳动者收入的首要办法，是发展生产，提高效率。即使政府能够给予补贴，也是"羊毛出在羊身上"，是不可能使人民普遍富裕起来的。

这样，每一次出现了速度下降，用"三驾马车"的分析办法算来算去，最后的结论就是进行强刺激，多发钞票，增加投资。2009年以后，用4万亿投资（两年）10万亿贷款进行刺激，结果造成了增长率的短期回升，但货币超发、负债增加等消极后果也同时发生。2012年以后，又多次采用增加投资的办法刺激经济，但正面效果愈来愈差，负面效果愈来愈大，这使许多人认识到这不是个好办法。

研究长期增长走势更可靠的办法，是对驱动经济增长的三个因素——劳动投入、资本投入和生产效率的状况进行分析。过去30多年的高速增长是怎么来的呢？主要是靠大规模的投资。还有一些次要的因素。第一个次要因素是大量新增劳动力，也就是中国社会科学院蔡昉教授所说的"人口红利"。还有一个因素就是效率的提高。改革开放对提高效率产生了十分积极的影响。一方面，市场化改革改变了城乡隔绝的状况，大量过去低效利用的农村劳动力和农村土地转移到城市，这种结构变化使资源的利用效率得到提高。另一方面，开放使我们能够通过引入外国的设备和技术，很快地提高中国的生产技术水平。

这样一来，改革开放以后，生产效率提高对增长的贡献较之改革开放以前有了相当大的提高。

现在的问题在于，以上这些有利于维持高增幅的因素，有的正在缩减，有的正在消失。首先，新增劳动力对经济增长的贡献也越来越小了，就像蔡昉教授在2006年就已提出，根据他们前三年的调查发现，剩余劳动力无限供应的情况正在发生改变，"刘易斯拐点"已经出现。其次，随着中国一般技术水平跟西方国家相接近，用引进外国设备和技术的办法去大幅度地提高自己的技术水平就变得不大可行了。清华大学的白崇恩教授和其他一些研究者都得到大致一致的结论，就是从本世纪初开始，中国经济增长中全要素生产率提高的贡献明显降低，并引起中国经济潜在增长率的下降。

经济学的基本原理告诉我们，在由现有资源状况和技术状况决定的潜在增长率降低的情况下，要短期拉升增长率，唯一的办法就是采取刺激政策，通过信用扩张向市场"放水"。但是就中国的情况而言，长时期采取刺激政策已经使宏观经济变得十分脆弱，蕴藏着发生系统性风险的危险。

说到过度投资造成的风险，野村综合研究所的首席经济学家辜朝明写过好几本书来总结日本近年来经济衰退的教训。他在书中指出，日本的这次衰退以致全球多次重要的金融危机，都是在泡沫破灭后出现的衰退，而出现资产负债表衰退的基础，则是资产负债杠杆率（负债率）过高的缺陷。在我看来，如果说西方国家资产负债表缺陷的主要成因是高消费和高福利，那么东亚国家的杠杆率过高则主要是由于企业和各级政府借债投资造成的。在目前我国资产负债表杠杆率过高的病象已经十分明显的情况下，某些政府机构和企业就会出现偿债困难，甚至"跑路"逃债的现象。在这种情况下，政府要做的是"去杠杆化"，控制和消解风险，而不是用加法"刺激"，提高杠杆率将使爆发系统性风险的危险加大。

更何况 2009 年以来多次采取刺激政策，其效果递减已经变得非常明显。如果说 2009 年的 4 万亿投资和 10 万亿贷款还把 2009 年第四季度和 2010 年第一、第二季度的增长率拉高到 10% 以上。2014 年第二季度的 1 万亿左右投资只把增长率从第一季度的 7.4% 提高到第二季度的 7.5%，拉升了 0.1 个百分点，第三季度又降到 7.3%。经济学所说的"投资报酬递减规律"的效应已经充分显现。

以上的分析说明，唯一的出路在于提高所谓索洛余量，即"技术进步、效率提高"对增长的贡献，也就是说，要优化结构，促进创新，实现经济发展方式从粗放发展到集约发展的转变。

三、体制转型是发展转型的基础

实现经济增长方式转型或者经济发展方式转型，并不是一个新口号和新要求。从 1996—2000 年的第九个五年计划开始，就提出实现这一转型的要求，只不过执行的情况很不理想。问题的症结在于发展方式转型受到旧体制的掣肘。

1995 年制定"九五计划"的时候，先是原国家计委提出需要进行增长方式从粗放增长到集约增长的转变。在后来的讨论中，人们总结了苏联转型不成功的教训，指出体制的转变是增长方式转变的基础。因此，"九五计划"提出要实现"两个根本性转变"，一个是经济增长方式从粗放增长到集约增长的转变，一个是经济体制从计划经济到市场经济的转变。在"九五计划"期间，由于执行 1993 年党的十四届三中全会《决定》，市场取向的改革全面推进，经济增长方式的转变也取得一定成就。可是到了 2001—2005 年的第十个五年计划期间，城市化加速这件好事在中国体制下却使各级政府大大增加他们手中掌握的土地等重要资源，于是许多地方都出现了政府主导的重化工业投资高潮。由于政府主导了重要资源的配置，经济发展方式转变出现了逆转。

"十一五"总结了"十五"的教训，再次提出以转变经济增长方式为主线。但是由于"十一五"期间改革推进缓慢，虽然我们制定了一个很好的"十一五规划"，但在转变经济发展方式上乏善可陈，以致中共中央在"十一五"最后一年的 2010 年提出了"加快转变经济发展方式刻不容缓"。

综合以上分析，我们在当前的情况下应当采取的方针，就是在采取措施保证不发生系统性危机的条件下，把自己的主要注意力放在推进改革上。因为只有通过全面深化改革，建立一个好的经济社会体制，才能优化结构，转变方式，确立由较高效率支撑的中速增长的新常态。

四、控制和消解风险，保持宏观经济稳定

我国宏观经济部门的负责人都在讲话中指出，目前中国宏观经济虽然存在不容忽视的风险，但是总体上是可控的。我认为他们这个说法是有道理的。只要采取正确的措施，系统性风险是能够避免的。

我认为，可以采取的措施门类较多，其中包括：

第一，停止对回报过低或者是没有回报的项目的无效投资。现在有一种流行的说法，基础建设投资不需要考虑近期有没有回报，因为东西在这儿，早晚会有用。这完全不是经济学的思考方法。经济学考虑问题的一个最重要的前提，是资源具有稀缺性，做了这样就不能做那样，因此有一个选择的问题。只能做些效益最好、最需要做的事

情。在这方面，我们要汲取日本的教训。1986年发生内需不足的问题以后，日本政府为拉动经济增长，启动了大规模的公共基础设施投资计划，结果酿成了最后的大崩盘。

第二，要停止对"僵尸企业"输血。这也是日本在上世纪80年代失败地"拉动内需"留下的教训。现在一些地方政府耗费财政资源，用贷款、用补贴维持一些根本无法起死回生的企业。政府不是发挥自己应当承担的社会保障功能，帮助解决企业破产带来的困难，而是支持这类"僵尸企业"继续无谓地浪费社会资源，这只会增加风险积累。

第三，动用国有资本偿还国家的或有负债。所谓"或有负债"，是在资产负债表上没有记载，却早晚必须偿还的负债。其中最突出的是社会保障基金缺口。据计算，其中对老职工的社会保障欠账就高达几万亿元。及早归还这类欠账，可以减轻偿债压力，还能创造更有效的公有制实现形式。对于这一点，党的十八届三中全会《决定》有明确的规定，要求拨付部分国有资本充实社保基金。应当尽快实现。

第四，对资不抵债的企业实施破产清盘或者在破产保护下重整。对于一些破产企业的债务，停止由政府出资实行100%的刚性兑付，来避免加大道德风险。这样来化大震为小震，避免风险积累，导致大震。

第五，盘活"死资产"。由于前一时期的过度投资和粗放增长，全国各地形成了一大批"晒太阳"的开发区、绵延好几个街区的"死城"等"死资产"。虽然很难，但是应当努力设法盘活，这样就能把资产负债表的杠杆率降下来，降低出现"资产负债表衰退"的可能性。

除了采取以上这类堵塞漏洞、释放风险的措施，还应当辅之以宏观经济当局的财政政策和货币政策进行适度的短期调节。这两类措施的综合运用，使我们能够保持宏观经济的稳定，不出现系统性危机，为推进改革争取时间，使改革和发展进入良性循环。

五、坚定有序地推进改革，保证合意的新常态得以确定

对于全面深化改革能不能从根本上解决我们面临的问题，当前应当把提升增长速度、还是应当把推进改革放在优先地位，学术界和经济界一直有争论。

在我看来，改革能够解决问题，不仅是一个在理论上得到证明的问题，也已经为近期的实践所证实。

有的经济学家认为，中国需要维持8%以上的GDP增长率，因为要保就业。保就业当然是必要的，但是这种观点从学理上说有点问题，就是把就业情况和GDP增长之间的关系看成是线性的。其实情况并不是这样的。因为增长有个结构问题，有的行业增长1%，它的就业可能超过1%，有的行业增长1%，它的就业可能不到1%。我们过去大量投资建设的资本密集型产业，长期就业数量并不大。这几年的情况非常明显，最近三年的经济增长率是一个台阶、一个台阶往下走的，但是就业的状况却有所改善。比如说中国的经济增长率从2010年的10.4%一路下行，降到7.7%，但就业的情况特别是低技术水平劳动者的就业情况却比以前来得好。据国家统计局报告，2013年原来要求城镇新增就业900万人，实际完成1310万人；2014年前三季度增长率再下一个台阶，但就业情况比2013年还好一点。实际的情况可能没有统计数字那么好，但就业情况有所改善是肯定的。

为什么发生这样的情况？主要原因在于服务业加快了发展。

服务业的发展曾经是整个中国经济发展的一个瓶颈。我国的"十一五规划"总结"十五"的经验，提出要把转变经济增长方式作为经济工作的主线。转变经济增长方式的核心是提高效率。拙著《中国增长模式的抉择》讲到了当时讨论的提高效率的四个主要源泉。第

一，是让农民工变成市民，成为有知识、有技术的劳动者。第二，是要实现制造业的服务化，或者说，产业链向微笑曲线的两端延伸，实现制造业的服务化。第三，是发展服务业，特别是生产性服务业。第四，是用现代信息技术改造整个国民经济，而信息产业从本质上说，或者说它的主要成分，就是服务业。所以总而言之，转变经济发展方式，提高效率的要点，就是要发展服务业。

但是很可惜，"十一五"期间并没有做到这一点，有些地方稍有改善，有些地方甚至有所退步。但是最近两年的情况发生了改变。服务业的发展明显加快。原来一直是制造业一枝独秀，到 2012 年两个产业的增长率并驾齐驱。2013 年服务业进一步提高了增长率，第三产业第一次成为中国第一大的产业。

这种变化提出了一个问题：为什么过去政府三令五申要求发展服务业，它却发展不起来，为什么这两年突然发生了改变呢？看来看去，就是从党的十八大前开始的，十八大后更进一步推广的两项改革推动了服务业的发展。

第一项改革是 2012 年从上海开始、接着很快在全国推开的营业税改增值税（"营改增"）改革。财税部门把"营改增"列在为企业"减负"项下。目前中国企业的税负太重，减负是应该的，但这并不是最主要的。经济学家之所以主张全面推广"营改增"，是因为他们相信亚当·斯密所说，分工是推动经济发展最主要动力的道理。营业税由于存在转移价值要重复征税的问题，是一种妨碍分工深化的税种。增值税只对增加价值征税，就不存在这个问题。所以营改增有利于分工深化。这在服务业，例如电商服务表现得十分明显。

第二项改革就是 2012 年从广东开始，本届政府把它规定为转变政府职能的重要内容的工商登记便利化改革。有些地方这两年新登记的工商户增长了百分之几十。

目前在就业领域内存在的一个问题，是大学毕业生、有学位的研究生就业存在一定的困难，有些人拿到的薪酬甚至比保姆还低。这是跟经济发展模式没有实现根本性转变有关的。这说明就业方面有些问题还要进一步解决，但是总体情况还是不错的。

从以上的分析可以得出，刚才讲的这两项改革仅仅是全面深化改革序幕期间的小试牛刀，虽然它们不能从根本上解决效率的问题，但是小试牛刀尚且能够起这么好的作用，应该增强我们对于改革能够解决问题的信心。中国提高效率的余地是很大的，问题在于落后体制的掣肘。所以关键在于坚决执行党的十八届三中全会、四中全会的决议，坚定有序地推进改革。

2015年是全面深化改革元年。从经济改革来说，有些改革项目正在有序推进。比如说金融的利率市场化、汇率市场化改革的进度甚至比原来预想的还快一些。财政改革在得到深改小组批准以后，正在正常推进。从国务院这边来说，简政放权也取得了不小的成效，它的成果有待巩固和进一步扩大。

个人认为，从2015年的执行情况看，有些方面的改革需要加快。

首先是国有经济的改革。在深改小组的336项改革分工中，国有经济改革方案由四个单位牵头制定。其中，只有一个国有企业领导人员薪酬改革方案已经公布实施。不过在笔者看来，这项改革只是现有体制下应答民众和行政部门官员质疑的措施，其余的方案还没有看到。但是从有关部委官员公开发表的文章可以看到，他们对于党的十八届三中全会有关国有资产管理从直接管企业转向以管资本为主存在认识上的差别。最近深改领导小组直接派出八个调查组到各地对国有经济进行调查，这预示着国有经济改革将在深改小组直接把握下加快。

还有一项重要的改革是中国（上海）自由贸易试验区的成立。它的意义非常重大，因为它是中国的上海自由贸易试验区，涉及的问题不仅事关上海，而且事关中国采取什么样的国际战略和建立什么样的对外经济体系。

现在不少地区积极要求建立本地的自贸区。但有些人按照过去的理解，把自贸区的优势理解为取得某些政策优惠。现在看来，这显然是一种误解。最近在和一些上海学者进行交流中得到很多启发。他们指出，世界的贸易规则，特别是投资规则正面临重大的改进升级。为了适应这种变化，我们必须选择一定地区进行适应下一步世界贸易和投资的规则升级的改革试验。取得经验以后，再在其他地区复制推广。不知道大家注意了没有，习近平总书记在深改小组 2014 年 10 月 27 日的会议上对设立上海自贸试验区的目的作了清楚的阐明。他指出，上海自贸试验区的主要内容，在于通过体制机制创新，"促进贸易投资便利化以及营造市场化、国际化、法治化的营商环境"。这次会议还决定在其他具备条件的地方推广上海自贸试验区取得的经验。

上海自贸试验区经验在其他地区乃至全国的推广，不但对于形成进一步开放的体制，而且对于建设我国统一开放、竞争有序的市场体系都会起到重要的促进作用。这一点在负面清单的引进上已经可以看得十分清楚。市场进入要实行负面清单制度，本来是在中美双边投资谈判中指出的。党的十八届三中全会《决定》要求在国内市场上也实行负面清单制度。这是一个非常重要的决定，对于建设我国法治的市场经济体制具有基础性的意义。李克强总理说得很对，在法治化的市场经济中，对于企业来说，法不禁止即可为，对于政府来说，法无授权就不可为。如果真能实现这个，我们的市场体系就大进一步，接近于党的十八届三中全会《决定》所说的"企业自主经营、公平竞争，消费者自由选择、自主消费，商品要素自由流动、平等交换的现代市场体系"了。

简政放权的法治之路

应松年

中国政法大学终身教授、中国法学会行政法学研究会会长

　　法治是治国理政的基本方式，简政放权同样须走法治之路。

　　党的十七大、十八大以及十八届四中全会决定都强调，完善组织法制和程序规则，按照法定权限和程序，行使权力、履行职责。完善组织法、行政程序法，这是实现简政放权的根本。

一

　　组织法最主要的作用之一，就是实现职权法定原则。

　　权力来源于人民。人民通过法律将权力授予行政机关。对行政机关来说，法无授权不可为。这就是职权法定。人民通过人民代表大会，制定国务院组织法，将行政权力授予国务院。国务院各部委的职权由国务院通过立法授予各部门，再报人大批准。地方各级政府的权力，由全国人大制定《地方各级人民代表大会和地方各级人民政府组织法》授予地方各级政府。

　　目前，中央部委的职权，是由国务院制定的三定规定授予。当然我们希望能够制定正式的各部门的组织法。中央编办为此作过几次努力，但尚未完成。职权是三定规定的主要内容之一。

　　从我国的体制特点而言，组织法关于职权的设定，重点是在中央各部门的职权。地方各级政府可能略有不同，但还是以中央各部门的职权为根据和基础。而中央各部门的职权的设定，又受到很多因素的影响。一是部门设置的影响。我国中央政府各部门设置，改革开放前是从苏联学来的一事一部模式。能源，有煤炭、石油、水利等等，各成一部；交通，有航空、水路、公路、铁路等等，也各成一部。或者说实际上是一事数部。这样，职权就非常分散且交叉或重复。改革开放后不断变革，所谓大部制就是把一事数部合并为一部。但大部制改革尚未完成。已合并的在职权上有时也是各行其是。一件事情由几个部门管理的情况也还没有完全解决。职权分散、交叉、重复的现象仍然存在。二是职权设置尚未跟上经济和社会发展的要求，也就是上层建筑不能完全适应经济基础的要求。最重要的是不能适应市场经济的发展和要求，有些部门还在行使阻碍市场经济发展的权力。三是职权设置没有适应建立国家治理体系的要求，缺乏社会协同和公众参与，行政机关什么都管。社会组织、行业组织、中介机构等大都是行政机关的一部分或是变相的一部分，没有行使自律的权力。四是将许多不该管、管不好的事情，把公民、法人或其他组织自己可以决定的事情也都纳入管理范围。

这样看来，简政放权首先涉及的是组织法关于职权的设定，而职权设定又与机构设置相连。这一改革的影响就很大。建议是否可从调查研究着手，进行国内和国际的调查、比较研究，根据我国特点，能大致划出应然的职权需要和机构设置，制定国务院各部门组织简则，再根据实际情况，确定改革进程。需要有一个总体设计和进程表。

地方各级人民政府组织法关于地方各级政府的职权规定都相当简略，且没有各层级政府职权的区分。随着经济社会的发展，当前的重点是中央和地方政府事权的划分，制定中央和地方关系法。

一

组织法对职权的规定一般比较原则，都是规定几个方面，具体职权还要通过单行的法律法规来规定。各部门、各级政府都按照不同层级法规范的规定行使其权力。单行法律法规在规定部门的具体职权时，不同层级的法规范在作出规定时是否有区别、有限制，是否具有同样的效力，这是在规范政府职权方面首先要解决的，也是目前现实存在的重大问题之一。

对此，法律已经作出许多规范。《立法法》首先对人大及其常委会的专属立法权即法律保留事项作了规定，共 11 项，属于法律保留的事项未经授权，行政法规、地方性法规和规章都不能作出规定。且其中有 3 项为绝对保留，不能授权。这在实践中已经起了作用，但还不彻底。2015 年《立法法》修改时，单独列出了税收法定一项。但没有规定同样涉及公民财产权的收费该怎么办。2015 年修改，还增加了一些重要规定。对设区的市制定的地方性法规，在与法律法规不抵触的前提下，只能就城乡建设与管理、环境保护及历史文化保护三方面作出规定。对规章，部门规章规定的事项，必须是属于执行法律、行政法规、决定、命令的事项，没有法律、行政法规的依据不得设定减损公民、法人和其他组织的权利或增加其义务，不得增加本部门权力或者减少本部门的法定职责。地方政府规章要根据法律、法规制定，一是执行法律法规，二是属于本行政区域的具体行政管理事项。设区的市的规章，限于城乡建设与管理、环境保护及历史文化保护等事项。特殊情况下，因制定地方性法规条件尚不成熟，而行政管理又迫切需要，可以先制定规章，满两年如仍需要，应制定地方性法规。同样，地方规章，没有法律法规依据不能设定减损公民、法人和其他组织权利或增加其义务的规范。

《立法法》的这些规定，对各层级的法律规范，在具体规定政府权限时是必须严格遵守的。就实践看，还存在很多问题需要各部门严格监督检查。这是简政放权的一个重要方面。

至于规章以外的其他规范性文件，当然就只能对法律、法规和规章规定的事项，就具体执行作出规定，更不能减损公民权利或增加公民义务。这是在实践中最常发生的，必须建立严格的监督检查制度。

我国法律体系的重要的富有中国特色的特点，是一些对公民、法人的权利有重大影响的属于行政机关都要行使的共同行政行为，特别制定了法律。这就是处罚法、强制法和许可法。这三个法律的重要内容之一就是规定了哪一层级的法律规范，可以规定把哪一种行为即职权，授予行政机关。例如处罚法规定，除法律外，行政法规无权规定授权哪一部门可以有限制人身自由的强制措施和处罚。地方性法规则无权规定吊销企业营业执照的处罚，规章只能规定警告和一定数额的罚款。规章以外的其他规范性文件则一律不能规定。行政处罚法生效后，对纠正处罚乱象产生了良好的作用。但实践中还时有超出上述规定的情况出现。

对简政放权影响很大的是许可。由于我国特殊社会历史条件，行政许可遍及各行各业，有些有法律规定，有些是自行规定，给经济社会发展和公民法人权益带来巨大影响。为此，于2003年制定了世界各国都没有的《行政许可法》。根据行政许可法的规定，除法律、法规外，部门规章无权设定行政许可。各地方性法规只能有设定某种地方事宜的许可权，地方规章则只有设定临时许可权。其他规范性文件一律不得设定，由于我国的行政许可大部分都是规章设定的，而部门规章又不得设定许可，这就需要对部门规章设定的许可进行清理。对应该保留或废除的许可，逐批进行审查鉴定，用国务院决定的方式保留需要设定的部分，废除了几千项，虽然如此，仍有不少问题。应该说审批制度改革还远未彻底，有些应废除的仍旧保留；有些则改称为

"非行政许可审批"；有些自称并非许可，如核准不是许可；还有些没有许可设定权的，仍在增设新的许可；等等。目前，推进审批制度的改革还在努力，将对简政放权起重大影响。

《行政许可法》中提出了不设行政许可的四条原则：一是公民、法人或其他组织能够自主决定的；二是市场竞争机制能够有效调节的；三是行业组织或者中介机构能够自律管理的；四是行政机关采用事后监督等其他行政管理方式能够解决的。这四条说得非常到位，以此来检查一下目前仍在用的许可制度，恐不少都在此四条以内。改革任务还相当艰巨。

三

值得注意的是，简政放权，一是要简政，政府只管自己应该管和必须管的事；二是要放权，放权不能单纯理解为把权下放到下级、基层。放权还包括，把公民、组织自己可以决定的权力放还个人、组织；把基层自治组织和社会组织，包括行业组织、中介组织等能够自律的权力放给基层自治组织和社会组织，这才是更重要的。这就是中央提出的要建设国家治理体系，党委领导、政府负责、社会协同、公众参与、法治保障。把许多原来由政府行使的权力，但完全可以社会协同由基层自治组织和社会组织通过自治自律来完成的，交给基层自治组织和社会组织。基层自治组织和社会组织都能够把各自的内部事务管理好，这将大大促进简政放权。由于我们长期以来形成的政府包办一切的理念和习惯，要建立治理体系还有一定难度。基层自治组织，特别是村民委员会和居民委员会，村民委员会虽已有法律规定，但仍存在诸多问题。关键是如何使村民委员会能做到自治自律。城市中的基层自治组织，原有居民委员会曾有法律规定，现在又有社区之名，这二者是什么关系。修改居民委员会组织法应该提上议事日程。

建立国家治理体系中的重要问题之一，是健全社会组织、行业组织。例如，现代社会，多数人都在某一行业中工作，如果行政机关把各行业内人员的权力放给行业组织，让行业组织承担自治自律的作用和责任，简政放权就会收到很大的成效。行政机关就能把更多精力用于服务行政。其实，行业组织的自律要比行政机关的管理更为精细和强有力，因为这是内行在管理，更清楚行业自律的重点和途径。党的十八届四中全会以后，国家正在启动社会组织的改革，逐步建立社会治理体系，在适当时候，就需要用立法来巩固已取得的成果，依法继续推进改革。

四

简政放权从程序方面要求，首先是公开，权限公开、条件公开、流程公开。公开才能明确显示是否简政，才能接受公众监督。其次是，简化程序，高效便民。如，一个机构，只能一个窗口对外，不能在机构内再设几道批准程序。属于不同部门的，本级政府可以确定一个部门受理，统一办理。或者组织有关部门联合办理、集中办理。现在很多地方都设置行政大厅，联合办理、集中办理，并运用网上办理等，使程序大为简化，方便公众。应该说，《行政许可法》实施后，在许可领域，各地采用了许多办法，简化程序，取得了很好的效果。但是，实践中还存在很多问题。一件事情，需经过很多审批程序，没有按许可法的要求，由一个行政机关行使有关行政机关的行政许可权；或者确定一个机构统一受理行政许可申请，统一送达行政许可等情况，仍然需要若干行政机关审批的，办一件事，仍需盖若干个章的，仍有存在。更多的是在一项审批程序前，行政机关自行设定一些前置程序，例如，丢失老年证去民政部门补办，被要求先到当地派出所开丢失证明；公民买房，要先去派出所开无犯罪前科证明；等等。此类事情极多，这中间也存在行政机关信息不共享的问题。当然也有懒政，不愿查资料的问题。这些事情虽非大事，但却增添公民许多麻烦。办事难是基层普遍存在的情况，纠正起来很不容易。当然，程序问题有时涉及部门的实体职权。反之，程序上的改变也有利于促进部门职权的简化。

总之，简政放权也是一个系统工程，造成政繁权多的原因是多方面的，需要我们在调查研究的基础上，设定目标，以法治手段逐一解决，并使简政放权的成果得以巩固。

切实发挥权力清单制度在理顺政府与市场和社会关系中的作用

石亚军

中国政法大学党委书记、教授

理顺政府与市场和社会的关系，是转变政府职能的核心。

在我国行政体制中，一方面，各级政府履行的职能有因为政府通责所致的共同之处，但同时也有因为具体政府特责所致的不同之处，各级地方政府因此创造了许许多多有地方特色的用权履职的载体、项目、手段，承载着行政权力在具体生产和生活中的实际运用和真实效应；另一方面，市县两级政府是纵向上行政管理权力关系和横向上政务、商务、社务管理权力关系的要穴，政府职能转变在这两级政府层面上的质量，决定着行政管理职能整体配置乃至整个社会管理职能配置的质量。

长期以来，我国政府把市场配置资源的决定性作用统揽自身，形成全社会管理权力向政府集中，政府往往不是把自身当作政府，而是当作企业和社会组织，不是把企业和社会组织当作企业和社会组织，而是当作政府，两种混淆的结果必然导致政府在任何领域都是"掌柜"，而企业和社会组织在自身领域充其量只是"店小二"。理顺政府与市场和社会的关系，就是要还原政府、企业、社会组织作为政务、商务、社务主体的定位，科学确定不同主体的组织目标和功能属性，围绕宏观和微观的区分度，对市场准入和市场监管中的管理性、服务性、专业性、技术性事务，在政府和企业之间作合理界定，对于社会民事活动和社会关系协调中的政策性、契约性、自主性、主责性事务，在政府和社会组织之间作合理界定，以划清政府与企业和社会组织的事务边界。

党的十八届三中全会在部署全面深化改革的各项任务中，明确提出推行政府权力清单制度，这一要求抓住了深化政府职能转变的要害，即将政府转变职能的动机与目标的统一，政府改革与社会期待的统一，建立在政府依法行使的权力社会公开化的基础上，增强了各方面对政府在清权、确权、放权中能做到什么程度的定心度。

以2014年3月中编办首次公布国务院60个部门和机构的1235项事项为起点和示范，各级政府都在陆续制定权力清单，并陆续向社会公布。权力清单从无到有，标志着政府转变职能革命性进步。但是，权力清单的制定由于缺乏统一指导和要求，没有形成全国统一的标准和体系，地方各级政府按照自己的理解确定清理原则、规格，清理并公布出来的清单五花八门。多数地方政府只是制定了权力清单，仅仅规范了审批职能，而广东、浙江、上海扩展为由权力清单、权责清单、职责清单、职能交叉清单构成的体系，比较全面地规范了审批职能、交叉审批职能、监管职能。显然，各地政府之间在权力的规范度和职能的转变力上形成了很大差别。

胸中有数造权和胸中无数用权，是各级政府通过行使权力履行职能的二律背反，造成了对政府滥用什么权力的法律无制约和社会无意识，这是通过制定权力清单深化政府职能转变必须跨过的一道坎。在以往行政管理实践中，我国政府掌握着行政许可权、行政给付权、行政奖励权、行政确认权、行政裁决权、行政规划权、行政命令权、行政征收权、行政处罚权和行政强制权十种法理权力，通过运用项目、活动和经费审批，资格和资质认定，商事登记，政府性基金征收，行政性事业收费，行政执法等执行权力，履行经济调节、市场监管、社会管理、公共服务职能。在行使各种执行权力中，各级政府及其部门基于纵向权力点、横向权力点、纵横交叉权力点，制造出名目繁多的派生权力。由于没有法律授权和清单制约，长期以来，没有哪个政府能够说得清楚自己手中究竟掌握了哪些和多少权力，社会各类主体也不清楚政府行使的哪些权力具有或者不具有合法性和正当性，政府正是在这种状况中向市场和社会随意插手，甚至一直插到不能再插的地方。

是不是建立起权力清单制度，就可以根本解决这些问题？显然不能有抽象的答案。

制定政府权力清单，是以清单方式进行清权、确权、放权，明示政府与市场和社会、中央政府与地方政府履职区别，规范政府的权力配置和权力关系的有效措施。权力清单是一座界碑，告诉人们哪些是政府应该行使的权力，哪些是不应该行使的权力，哪些是企业和社会组织应当被审批和受到行政制约的事项，哪些是不应当被审批和受到行政制约的事项；权力清单是一堵围墙，合法的、正当的政府权力和不合法、不正当的政府权力被泾渭分明地隔在这堵围墙的里外，有效防范政府对自己随意扩权、对市场和社会随意施权的任性；权力清单是一块路标，导引着政府职能转变走向控宏观、调结构、保基本、持公平、促均衡的正确路径。在这样的意义上，权力清单无疑具有政府可以干什么和不可以干什么，可以设什么权力和不可以设什么权力，企业、社会组织、公民可以接受政府什么管理和可以不接受政府什么干预的依据性、标志性、权威性属性，使其超出了图表的意义，变为一种政府遵循行政规律、市场规律、社会规律依法行政的制度符号。可以认为，权力清单制度的推行无疑对深化政府职能转变发挥着全局性、根本性、确定性作用。

权力清单制度能不能解决问题，关键在于形成制度的权力清单具不具有可依据、能标志、强权威的功能。

权力清单发挥可依据、能标志、强权威功能，前提之一是具备科学性。权力清单的科学性来源于清权确权放权的正确和统一的标准。各级政府在制定权力清单中，创造出三种权力类型，一是规范性权力类型，即既符合法理，又有法律依据的相关权力；二是亚规范性权力类型，即没有法理和法律依据，但以部门规章、地方性法规、红头文件为依据，在行政实践中基于行政执行方式形成的相关权力；三是非规范性权力类型，即将一套权力进行人为的属种区分，继续把持在手中的一部分没有任何法理和法律依据的权力类型。目前，各级政府制定的权力清单之所以五花八门，是因为有的政府在规范性权力类型层面定标准，有的政府在亚规范性权力类型层面定标准，有的政府在非规范性权力类型层面定标准，有的政府将三个层面捆绑起来定标准，难免各地出现较大差别。比如，广东省首次清理出一万多项权力，而江西省首次清理的只有一百多项。单从三种权力类型出发定标准，都会导致清权、确权、放权不彻底。应当以法理为本、法律授权为唯一和统一标准，把各级政府的权力清单通通纳入规范性权力类型的清理中来，废除部门规章、地方性法规、红头文件对亚规范性权力类型的保护，排除人为私藏非规范性权力类型的作为，实现各级政府权力清单在正确和统一基础上的科学性，形成行政权力在权域、权杖、权值的一致。

权力清单发挥可依据、能标志、强权威功能，前提之二是具备完整性。完整性体现为各级政府权力清单具有周延的结构和统一的体系。权力和责任并行不悖，放权和监管一车两轮，政府权力清单的结构和体系应当全面体现这样的关系。单纯制定政府可以行使哪些权力的清单，必然导致忽视政府权力与责任的统一规定，政府部门之间交叉权力的清理，政府向市场主体和社会主体转移属于他们的自主权后，政府监管职责的定夺。因此，各级政府都应当建立健全由权责清单、职能交叉清单、监管职责清单、政府负面权力清单、财政资金清单、政府定价清单、行政事业性收费清单、政府性基金清单等构成的统一的权力清单体系，对政府围绕权力的相关因素进行全面权力规范。另外，还应当在着重进行行政许可权规范制度权力清单制度的基础上，逐步将权力清单体系扩展为规范行政给付权、行政奖励权、行政确认权、行政裁决权、行政规划权、行政命令权、行政征收权、行政处罚权和行政强制权，构建统一范围、统一口径、统一尺度的权力清单体系，实现政府权力配置的全面规范、配套成龙、前后呼应。

我的结论是，如果不注重通过权力清单制度建设的科学性和完整性，缺失可依据、能标志、强权威功能的权力清单，不过是政府改革姿态的一层面纱，面纱背后被遮盖的依然是行政权力挥斥方遒的面孔。甚至，这样的权力清单势必成为替代法规保护部门利益的洞穴和掩体。这是不需要证明的。

优化政府服务的五大要点

董克用

中国人民大学公共管理学院教授

在深入推进简政放权，加快转变政府职能的条件下，如何优化政府服务成为重要议题。我认为，优化政府服务要注意把握好以下五个要点。

一、职能清晰

职能清晰是政府优化服务的前提，职能不清晰，服务不可能到位，出现的一定是缺位或者越位。职能的界定就涉及了体制，不同体制下政府职能有很大不同。计划经济体制下，政府是万能的，政府不仅包揽了公共事务的各个领域，而且直接管理了经济领域。在市场经济体制下，政府不再是万能的，但也不是管得越少就越好。政府在经济、社会、环境、公共安全等领域的公共事务中有不可推卸的责任，不仅要到位，并且要管好。对于我国来讲，改革开放30多年来，一直在转变政府职能，至今还没有完成，为什么这样难？有两个原因，第一个原因是职能的动态性。对各国而言，政府职能的界定都是动态的，即政府职能是会随着经济社会的发展，随着新事物、新科技的出现而不断调整。例如，互联网金融政府要不要监管、如何监管，就是新挑战。我国改革开放30多年，伴随着全球化的迅猛推进和科技革命的迅速发展，以及国内的城镇化和工业化进程加速，政府面对众多新事物需要不断调整自己的职能。第二个原因是体制的转型。对于我国来讲，界定政府职能的任务比其他国家更艰巨，因为我们不仅面对发展问题，还有体制转型问题。政府需要从计划经济体制下的万能政府模式转向有限政府模式，而这种转型不可能一步到位，需要不断地随着改革的步步深化，逐步清晰界定市场经济体制下的政府职能。

二、协调顺畅

从政府管理的理想状态看，一件事由一个部门提供服务效率最高。但是，在现实中，很多公共事务都是涉及多部门的，很难由一个政府部门完全承担。以环保为例，几乎每种环境污染都是多因素造成的，涉及多个部门的管辖范围，不可能仅靠环保部一家来解决所有问题。例如，化肥和农药的使用是现代农业发展和提高农产品产量的重要因素，但是，化肥和农药的使用往往会造成环境的污染。农业部门重点考虑的是农产品产量，而环保部门主要重视的是环境的质量。因此，在这个问题上，两个部门之间就需要就如何科学使用化肥和农药，如何监测对环境的污染进行协调。

政府管理和服务中的协调问题，包括横向协调与纵向协调。横向协调是同级政府内不同部门间的分工与协调，纵向协调是不同层级政府同一部门的分工与协调。从历史的经验看，政府部门间的协调是提高政府服务质量的难点。许多政府部门的习惯做法是，严格界定自己的职权范围，轻易不"越界"，同时，对其他部门参与自己负责的公共事务予以"天然的排斥"。这样一来，在涉及一个部门以上的公共事务中，往往就会出现扯皮、推诿等现象。为解决这一问题，建立了许多部际协调机制，但是，在运行中仍然存在不少问题，需要进一步完善。

完善协调机制的关键是处理好权力与利益的关系。政府的权力是人民授予的，权力是服务于人民的，政府部门不能运用权力去获取利益。所以，从严格意义上讲，政府部门不应当有自己的利益追求，政府部门中的工作人员更不能依靠权力获取个体利益。只有切断权力和利益的关系，将公共利益放在首位，才能建立起政府各部门协调顺畅的新机制。

进一步讲，要搞好公共服务，还要协调好政府与社会的关系。在现代社会，并不是所有公共服务都是必须由政府提供的，社会组织甚至企业都可以提供部分公共服务产品，政府出面购买这些公共服务即可。所以，需要协调好政府与社会的关系，明确哪些公共产品必须由政府直接提供，哪些由社会提供质量和效率更高。

三、流程科学

职能清晰后，服务效率和效果的关键在于公共事务处理流程。流程不畅，则耗费大量人力和物力，事倍功半，效果不佳。在优化流程方面，可以借鉴企业的经验，20多年前企业流程再造对提高企业管理水平作出了很大贡献。

政府公共服务的流程再造要以减少管理层级，方便服务对象为目标。在这方面，需要转变观念。要改变传统的上级政府制定政策，层层下达，具体事务由基层执行的思维模式。要服务下沉，凡涉及公民基本权益的公共事务，可以探讨由中央政府垂直管理，一步到位的做法。为什么涉及公民基本权益的公共事务需要设计中央政府垂直管理的体制，这是因为，我国正处在加快城镇化的进程中，产业结构也在发生重大转变，与此相伴，人口流动和劳动力流动规模大，频率高。传统的以户籍和行政区划为基础的公共服务完全不能适应这种大流动的需要，许多公民的基本权益受到损害，许多基于行政区划的公共服务缺失。为了应对人口和劳动力的流动，我国政府已经出台了许多权益转移的办法，但是，这些办法不仅费工费力，而且，效果不佳，权益转移往往不到位。如果我们转变观念，从优化流程的角度看，那些涉及公民基本权益的事务，如社会保障和义务教育，如果由中央政府垂直管理，打破块块分割，在制定统一政策的同时，在地方设立相关办事机构落实政策，这样做一方面会更好地保障公民权益，另一方面也会提高服务效率。

当前，强调流程科学还有更重要的意义。因为，随着简政放权，政府的监管职能正在从事前监管转变为事中和事后监管。对政府来讲，事前监管相对简单，只要把好入口关即可，而事中和事后监管则要困难得多，没有科学的监管流程，很难适应政府监管方式的转变。

在优化流程工作中要高度重视信息化手段。从国际上看，互联网不仅在经济领域正在发挥重大影响力，在政府公共服务方面也在发挥着越来越大的作用。在互联网时代的今天，我们有后发优势，我们可以跨越许多传统做法，直接运用信息技术更好更快地服务公民。近年来，不少地区在公共服务方面已经实现创新，把坐落在政府大楼里面的一站式办事大厅转变为以互联网为基础的网上办事大厅，更加方便了群众，提高了效率，群众足不出户就解决了过去花费多日才能解决的问题。

流程的优化过程还会有助于完善协调机制。通过流程优化，会发现部门间公共事务权力的交叉点，看清楚什么情况下会出现推诿和扯皮。不同部门坐在一起就某项公共服务的流程进行优化的过程往往就是建立新协调机制的过程。

四、权力透明

在公共事务管理中，流程中的"节点"非常重要。对政府来讲，节点就是审批点，就是权力所在。而审批工作又是实现政府职能所不可缺少的环节。因此，仅有流程科学还不够，还需要权力透明。要明确和公开审批的原则、审批的程序和审批所需时间。权力透明就是要防范权力寻租，减少贪腐机会。只有权力透明，才能减少黑箱和灰箱操作，被服务对象才能正确评价服务质量。只有权力透明，才能实现有力的社会监督。目前，各级地方政府努力推进的权力清单制度也正是实现权力透明的重要举措。

权力透明不只是现有权力的透明，由于政府职能是动态的，所以，还需要注意权力的赋予是不是透明。要防止部门"静悄悄"地增加权力。在发达国家，行政的原则是"法无授权不可为"。但是，在我国，法治化过程与行政体制改革过程是并行的，一方面，我国的法律体系在不断完善，但另一方面，部门立法的现象还很普遍。有些部门通过立法在固化自己不应当有的权力，阻碍了改革进程。因此，如何从制度上完善立法过程，是使政府权力更加透明的重要任务之一。

五、问责到位

政府服务问责并不只是人们通常理解的当公共服务出现问题时由哪位领导人负责的问题。服务问责包括几个方面：一是应该提供的服务是否到位，该提供而没有提供就要问责；二是提供的服务是否出现偏差和错误，即是否正确地提供了公共服务，在流程和节点上是否出现了问题；三是提供的服务质量如何，是否方便、快捷；四是对新出现的问题处理是否及时，因为在公共服务中总会出现一些现有政策和程序没有覆盖的问题，能否及时提出解决方案，也是问责的重要方面。

既然服务问责的对象是全体公共服务提供者，因此要实现问责到位，一方面要加强政府绩效管理，另一方面要加强社会监督，要有效地运用各种方式监督公共服务质量，及时反馈出现的问题。

实践篇

权力和责任同步下放
调控和监管同步强化

张 勇

国家发展改革委副主任

深化行政体制改革是党中央、国务院作出的重大部署，习近平总书记、李克强总理多次作出重要批示指示，要求正确处理政府和市场关系，把职能转变作为深化行政体制改革的核心，不断推进行政审批制度改革，下好简政放权、放管结合"先手棋"。结合发展改革工作实际，谈一些体会。

一、改革创新、主动作为，简政放权、放管结合、职能转变、优化服务取得初步成效

新一届政府成立以来，把推进行政体制改革作为开门第一件大事。国家发展改革委认真落实党中央、国务院决策部署，自觉推进自我革命，去部门的利、削手中的权，不断深化行政审批制度改革，取得了初步成效。

第一，主动放权。一是加大取消下放力度。取消和下放了55项行政审批事项，全部取消了非行政许可审批。二是大幅缩减核准范围。连续两年修订《政府核准的投资项目目录》，中央层面核准项目累计减少76%，95%以上的外商投资、98%以上的境外投资项目由核准改为备案。三是推进建立新型核准制度。报请国办印发了精简审批事项、规范中介服务、实行企业投资项目网上并联核准制度的工作方案，取消了18项属于企业经营自主权的前置手续，企业投资项目

前置审批将由 30 多项精简至 2—3 项。四是改进投资管理方式。把 31 类点多、面广、量大、单项资金少的预算内投资补助项目，下放省级政府安排。五是大力推进价格改革。先后放开、下放了约 80 项商品和服务价格，放开了绝大多数药品价格。

第二，加强监管。一方面，推动建立纵横联动协同监管机制。推进投资项目在线审批监管平台建设，2015 年 6 月 1 日，选择了 10 个中央部门进行网上并联审批试运行，6 月底前争取实现部委层面的横向联通，年底前实现纵向贯通，并尽可能提前 1—2 个月进行试运行。另一方面，创新和强化市场价格监管与反垄断执法。开通运行"12358"全国价格举报系统，实现了全覆盖、新技术、在线实时、四级联网、闭环回馈，探索大数据时代的政府管理创新。

第三，优化服务。建设运行国家发展改革委政务服务大厅，2014 年 12 月 1 日试运行，2015 年 1 月 1 日正式运行，国家发展改革委所有行政审批事项全部纳入大厅一口受理，实时在线办理。截至 2015 年 6 月 10 日，大厅共接收行政许可申报 667 件、政府内部审批 352 件，全部事项无超期办理，申请人满意度达 100%。

总的来看，国家发展改革委行政审批制度改革成效初显，为稳增长、调结构、惠民生提供了有力支撑。比如，城市轨道交通项目审批下放后，17 个城市批复了 39 个项目，总投资超过 6000 亿元，对于扩大有效投资、支持城市建设、方便居民出行，发挥了积极推动作用。在推进改革过程中，我们也有了一些体会和认识。

一是必须统一思想、凝聚共识，增强简政放权的自觉性和紧迫性。要深刻认识、主动适应、积极引领经济发展新常态，促进中国新一轮经济破茧成蝶、行稳致远，必须进一步调适理念、调适政策、调适方法，牢牢牵住简政放权这个"牛鼻子"。可以说，简政放权、职能转变是大势所趋，躲不开、绕不过、退不得。我们将这项工作与国家发展改革委机关定位转型结合起来，推动国家发展改革委上下持续转变管理理念、管理职能、管理方式、管理作风，以转变职能转变作风的新成效，为发展改革工作注入新的活力和动力。

二是必须放管结合、优化服务，更好发挥政府作用。简政放权不是放任不管，而是要从注重审批向完善监管和提供优质服务转变，为市场主体创造公平竞争的环境。两年来，针对地方在承接下放审批权限方面存在的问题，我们举办了多期全系统简政放权与创新管理培训班，并通过视频会议连线到基层，指导帮助地方接住管好，推动形成系统上下联动协同的改革合力。

三是必须除旧鼎新、转变职能，集中精力谋大事、议大事、抓大事。通过简政放权，进一步从微观管理事务中解脱出来，更多地向战略性、全局性、前瞻性延伸。两年来，我们高度关注苗头性、倾向性、潜在性问题，聚焦重大课题问题研究和成果转化，强化经济形势预测监测和政策预研储备，备好"政策工具箱"，打好"投资组合拳"，形成了"7+6+3+1"的投资格局，就是7大投资工程包，6大消费工程，"一带一路"、京津冀协同发展、长江经济带"三大战略"，以及装备走出去和国际产能合作。目前正在研究推出4个新的投资工程包。

总之，必须持续推进简政放权、放管结合职能转变，为政府职能"修枝壮干、瘦身健体"，为创新驱动和大众创业、万众创新清障搭台，进一步激发市场活力，释放经济内生动力。

二、抓住要害、攻坚克难，推动简政放权、放管结合、职能转变、优化服务向纵深发展

2015年5月12日，国务院召开全国推进简政放权放管结合职能转变工作电视电话会议，行政体制改革驶入了"快车道"。国家发展改革委立即制定实施了《国家发展改革委关于推进简政放权放管结合

职能转变的意见》，要求坚持民意为先、问题导向，坚持简政放权、放管结合、优化服务"三管齐下"协同推进，努力实现从微观向宏观、从审批向监管、从项目安排向制度供给、从单打独斗向纵横协管的转变。

第一，最大限度为市场主体松绑。变"部门端菜"为"群众点菜"，坚决把该放的放开，该减的减掉。我们将再砍掉一批行政审批事项、再砍掉一批投资审批核准权限、再砍掉一批审批环节、再砍掉一批前置审批及中介服务事项。近期，我们研究起草了《政府核准和备案投资项目管理条例》，正在面向社会征求意见。该《条例》首次把政府对企业投资活动的监管和服务纳入了法治化轨道，明确除了"两关系三涉及"，就是关系国家安全和生态安全、涉及全国重大生产力布局、战略性资源开发和重大公共利益等项目按规定核准外，企业投资项目均应实行备案制。同时，加紧制定完善负面清单、权力清单、责任清单，用刚性制度管权限权。

第二，进一步加强事中事后监管。按照权力和责任同步下放、调控和监管同步强化的要求，加快建设信息共享、覆盖全国的投资项目在线审批监管平台，建立网上并联核准和协同监管机制，确保"横向到边、纵向到底、不留死角"。实行项目统一代码制度，并与社会信用体系对接，让失信者一处违规、处处受限。

第三，着力提升行政服务质量和水平。按照简化手续、优化程序、在线运行、限时办结、把审批变成服务的要求，规范审批核准备案行为，公开审批规则和办理程序，为企业、基层、社会提供更加优质、便捷、高效的行政服务。

简政放权、放管结合、职能转变，是行政体制改革的一场深刻革命。我们将按照党中央、国务院的统一部署，拿出硬措施，打好攻坚战，啃下"硬骨头"，推动改革取得新的更大成效。

深入推进商事制度改革 激发市场经济内在活力

张　茅

国家工商总局党组书记、局长

推进商事制度改革，是党中央、国务院作出的重要改革部署，是减少行政审批、转变政府职能、释放市场潜力的重要举措。按照党中央、国务院的决策部署，国家工商总局把这项改革作为全局性工作，开拓奋进，狠抓落实，改革工作取得显著成绩。

第一，坚持市场化改革方向，注重简政放权，勇于自我革命。推进改革要坚持问题导向，要针对经济发展中面临的突出矛盾和问题。目前，政府与市场的关系还没理顺，政府对微观市场主体的行政干预过多，抑制了市场机制的有效发挥。从企业的设立到投资经营，都要经过政府部门的大量行政审批，有的多达上百个图章、烦琐的审批程序已经成为阻碍经济社会发展的一大障碍。

推进商事制度改革，就是按照发展市场经济的需要，从百姓投资兴业的第一道门改起，以改革工商登记为切入点，通过工商系统的自我革命、主动放权，带动相关部门审批制的改革，减少行政审批，转变政府职能，降低市场主体准入门槛，还权于企业，还权于市场，激发广大群众的创造力和市场经济的内在活力，为公平竞争搭好舞台。

第二，加强统筹谋划，注重发扬基层首创精神，强化改革方案的顶层设计。改革探索始于基层，创新成果出自实践。我国改革开放的一条成功经验，就是基层的率先探索和实践为整体改革发现问题、探索路径、积累经验。商事制度改革也是先从基层起步，通过广东、上海等一些地方的改革实践，为全国推进改革提供了有益经验。2014年2月国务院发布了《注册资本登记制度改革方案》，为推进改革做了总体设计，明确了改革的指导思想、总体目标和具体任务。同时，参与修改和制定了 30 多部法律、行政法规和部门规章，强化了改革的法制基础。

第三，创新监管理念，注重事中事后监管，做到宽进严管相结合。简政放权，不是一放了之，必须做到放管并重，在放活的同时加强事中事后监管。这是推进商事制度改革取得实效的重要保障。完善的市场经济是有活力、有秩序的。没有活力，市场经济就失去了生机和魅力；没有秩序，市场经济就失去了信任和安全。做到放而不乱、活而有序，必须适应创新发展的大趋势，坚持在创新中发展，在规范中完善。目前，我国市场秩序还不规范，行业分割、地方保护、假冒伪劣、虚假宣传、垄断和不正当竞争、侵害消费者权益等问题仍较突出。对此，工商系统积极创新监管理念、监管机制和监管方法，切实加强市场监管。特别是按照《企业信息公示暂行条例》，积极推动企业信用信息监管，通过建立经营异常名录、企业黑名单等制度，努力实现"一处违法，处处受限"，让信用创造财富。

第四，积极协调配合，注重与部门协同推进，凝聚改革合力。商事制度改革是一项系统工程，涉及部门多，影响范围广，只有相关部门互相衔接、有效配合，才能推进改革取得实效。改革前的工商登记前置审批有 226 项，一些前置审批环节多、条件严、周期长，致使市场主体因无法取得前置的"证"而不能办理"照"，造成无证无照经营和监管执法漏洞。2013 年以来，工商总局积极配合中央编办推进"先照后证"改革工作。2014 年，国务院分三次将 152 项工商登记前置审批事项调整或者明确为后置审批，取消了 19 项，保留 34 项工商登记前置审批，占改革前的 15%。下一步，要进一步减少审批、取消不必要的后置办证事项。

第五，围绕改善营商环境，注重激发市场内在活力，释放经济发展的巨大潜力。世界银行《2015 年全球营商环境报告》中，中国的营商便利度排名，由 2013 年的第 96 位，上升到 2014 年第 90 位。特别是"开办企业"专项排名，由 151 位上升至 128 位，提升了 23 位。国际经验表明，一个国家新设立公司的便捷程度、新设立公司的数量多少，是经济繁荣的重要标志。通过商事制度改革，促进新设立市场主体"井喷式"增长。自 2014 年 3 月 1 日改革实施到 2015 年 5 月底，全国新登记注册市场主体 1691.1 万户，同比增长 16.3%；特别是新登记企业 485.4 万户，增长 39%，平均每天新登记企业超过 1 万户，大大超过改革前的 7000 户；企业注册资本 26.4 万亿元，增长 74.9%。在经济增长速度下行的背景下，市场主体特别是小微企业、创新型公司大量产生，一方面，创造了更多的就业机会，为稳就业提供了基础，另一方面，科技、教育、文化、信息、网络等新产业、新业态、新商业模式的繁荣发展，缓解了衰退产业对经济发展的冲击，对经济增长、经济繁荣发挥着重要作用。

第六，针对重点难点问题，注重攻坚克难，推进商事制度改革向纵深发展。加大改革创新力度，加强部门协调配合，促进市场主体特别是新增企业较快增长、活跃发展。一是深化工商登记制度改革，2015 年实现"一照一码"。二是落实扶持小微企业发展的政策措施，建设小微企业名录，化解初创期的风险。三是加快建设全国统一的企业信息公示平台，建立以企业信用监管为核心的新型监管制度。四是实施好新《消费者权益保护法》，通过营造安全放心的消费环境，释放我国消费潜力。总之，要通过"放、管、服"三管齐下，持续促进大众创业、万众创新，进一步激发经济社会发展活力。

"十个一"打造服务型政府

段春华

天津市委常委、常务副市长

党的十八大以来，天津市委、市政府认真贯彻落实党中央、国务院总体部署，深化行政体制改革，推进政府职能转变，积极探索并实施了"十个一"的改革措施。

一份清单管边界。2014 年，为加快实施行政审批制度改革，天津市在全面依法清理、减少行政许可事项的基础上，向社会公布了行政许可"权力清单"，厘清职责边界，明确职能范围，做到"法定职责必须为，法无授权不可为"。一是市级行政许可事项，由 2005 年的1133 项，减少到 2015 年的 285 项，累计减少 3/4。二是在全国率先废止非行政许可审批事项，彻底消除"灰色地带"。三是实行行政许可事项目录年度版本制。

一颗印章管审批。针对行政审批工作中存在的重审批轻监管、审批环节过多等问题，天津市在滨海新区率先成立了行政审批局，将新区 18 个政府部门的 216 项行政审批职责，连同部分审批工作人员全部划转到新成立的行政审批局。在审批备案、信用管理、投资项目审批、网上办事直通车等方面进行创新，实行一个窗口接件、车间式流水线办理，将过去分散在各部门的 109 颗审批专用章简化为 1 个章，实现了"一颗印章管审批"，办事效率大大提高。

一个部门管市场。为着眼解决市场监管多头管理、分段管理等问题，天津市将工商、食药、质监三个部门合并，设立了市场和质量监督管理委员会，区县设立监督管理局，街镇设立监督管理所，建立三级监管体制，统一行使市场监管职能，做到重心下移，实现对市场监管的统一化、无缝化、全覆盖和"一表共享、两个随机"的抽查监管机制。

一个平台管信用。为推动社会信用体系建设，天津市建立了全市统一的市场主体信用信息公示平台，将全市56个部门信息连通，归集公示60多万家企业数据信息共660万多条，建立了行业信息跟踪、归集和监管的综合性评估机制、奖惩机制和市场主体信用评级标准，按企业信用等级实行分类监管，使"诚信一路绿灯，失信处处受制"。

一支队伍管执法。针对多头执法、执法空白、执法进不到社区、管不到底等问题，我们整合街镇执法力量，设立街镇综合执法机构，把城市管理、环境保护等与社会管理相关且简便易行的共41类295项行政处罚权，集中交由街镇乡综合执法队伍行使。通过一支队伍管全部、一支队伍管到底的模式，将执法重心下移，使行政执法无缝对接，实现快速反应和高效率。

一份单卡管通关。为加强京津冀口岸合作，提高通关效率，天津市会同北京市、河北省构建了京津冀海关、检验检疫通关全流程一体化运作模式和京津冀海关、检验检疫信息互换、监管互认、执法互助工作机制。打造了统一的申报平台、风险防控平台、专业审单平台和现场作业平台，实现京津冀三地海关间一体化作业，通关时间缩短了3个工作日，通关费用减少近三成，使企业在办理海关业务时真正感受到"三关如一关"。

一套体系管廉政。为加强对行政权力全过程监管，有效地从源头上防治腐败，天津市建立了统一的行政执法监督平台，与37个市级部门、51个市级执法主体、205个承办单位实现联网，现已归集行政执法基础数据11万条，执法案件信息115万条，做到每一名行政执法人员、每一次行政执法行为，都在系统上留有痕迹，实现行政执法信息全覆盖、全过程和实时监督。

一张绿卡管引才。针对人才引进审批环节多、办理周期长等问题，天津市制定了引进人才"绿卡"管理暂行办法，将人才引进办理事项已从 51 个整合成 15 个，审批环节从 56 个压缩到 19 个，审核要件从 84 件精简到 44 件。建立了"一册、一卡、一库、一网、一平台"运行机制，为高端人才引进提供高效便捷的"保姆式"个性化服务，简化居留、出入境、落户、医疗、保险、住房、子女入学等方面审批流程和手续，高端人才手执一张"绿卡"办成所有事情。

一包教材管培训。为助力破解技能人才紧缺的瓶颈，天津市创新技能人才职业教育培养新模式，开发职业培训包，实施"一包教材管培训"，将一个工种的职业标准、培训大纲、教材、考核标准集中打包，提高职业培训的针对性和有效性。现已启动 242 个职业 1056 个培训包的开发，其中 143 个职业 602 个培训包已进入试验性培训阶段。同时运用专利化管理、市场化运作方式，不断增加"职业培训包"数量，扩大受益范围。

一个号码管服务。针对群众普遍反映的政府热线号码过多、记忆不便、服务质量不高等问题，天津市打破区域部门条块分割，整合了全市 53 个政府热线号码和服务资源，构建起集政府服务、公共服务、社会服务于一体便捷高效的为民服务平台，用"88908890"一个号码，集中办理群众咨询、求助、投诉事项。通过政府主导、市场运作，更好地满足群众服务需求。专线电话整合后，减少了人员和办公场地，电话接通率、服务办结率和评议回访率均达到 98%以上。

权责匹配构建制度
三单同步简政放权

詹夏来

安徽省人大常委会党组副书记、副主任

　　两年多来，安徽省委、省政府认真贯彻党的十八大和十八届三中、四中全会和习近平总书记系列重要讲话精神，按照国务院的部署，下好简政放权"先手棋"，在积极衔接和落实国务院下放行政审批事项的同时，系统推进权力清单、责任清单、涉企收费清单制度建设，规范公共资源交易管理，取得了明显成效。

一、建立权力清单激发市场动力活力

　　按照职权法定原则和"行政权力进清单、清单之外无权力"的思路，突出转变政府职能、简政放权、提高效率这一主线，重点从取消、下放、转移、整合等 4 个方面，明确减权确权 17 项标准，取消没有法律依据的、责任不明确的、部门"红头文件"自定的权力事项，削减相关企业投资审批事项，下放直接面向基层和群众、由地方管理更方便有效的经济社会事项，转移可以通过购买服务等方式交给市场和社会力量承担的权力事项，整合内容相同或相近的权力事项等。权力清单明确政府能做什么，为"法无授权不可为"提供了戒尺，进一步厘清了政府与市场、政府与社会、省与市县乡政府、部门之间的权责关系，有利于充分发挥市场在资源配置中的决定性作用和更好发挥政府作用。2014 年 10 月 31 日，省级政府权力清单公布运行，2015 年 3 月 1 日市县政府权力清单全部公布运行。省市县三级政府权力清单公布运行后，省级权力事项减少到 1712 项、精简 68.3%（其中行政审批事项减少到 213 项、精简 32.6%），市级平均减少到 2118 项、精简 53.5%，县级平均减少到 2560 项、精简 33.6%，省市县三级政府全面取消非行政许可审批事项。在省市县三级政府权力清单运行基础上，从 1220 部法律法规规章中，梳理出涉及乡镇政府的法律法规规章 160 部，编制出 198 项乡镇政府权力事项参考目录，乡镇政府清单将于 2015 年 7 月 1 日正式公布运行。政府权力的减法换来了市场活力的乘法，促进了大众创业、万众创新。

二、制定责任清单规范政府权力运行

在建立权力清单的同时，按照权责一致、权责匹配原则，逐项逐条界定每项行政权力事项对应的责任，细化到条、落实到款，厘清权力与责任的关系，实现权力与责任的一一对应。针对省级保留的 1712 项权力事项，列出 1.2 万余条责任事项、2.1 万余条追责情形、3.3 万余条法律法规条款依据，市级保留的权力事项，平均列出 1.3 万余条责任事项、2.2 万余条追责情形、3.5 万余条法律法规条款依据，县级保留的权力事项，平均列出 1.5 万余条责任事项、2.6 万余条追责情形、4.1 万余条法律法规条款依据，形成了权力事项、责任事项、追责情形"三位一体"的权责体系。责任清单明确政府该怎么管，为"法定职责必须为"提供了对照。责任清单建立后，行政权力责任更加明确，使每项行政权力对应的责任都具有溯及力和可操作性，做到有权必有责、用权受监督、失责必追究；部门之间权责边界更加明晰，变传统的"针对部门讲责任"为"针对具体行政权力讲责任"，有效解决了部门之间的权责交叉问题，对部门揽权推责、推诿扯皮有釜底抽薪之效；权力运行更加规范有序，让行权者对照责任事项不能脱轨，面对追责情形不敢越轨；监督制约更加有力，改变了过去责任设定过于宽泛、责任追究无法具体化的现象，方便了社会各界对政府的监督，给权力套上了责任的"紧箍咒"，严防权力运行中的任性。

三、实施涉企收费清单优化企业发展环境

为规范涉企收费行为，推动建立公平开放透明的市场规则，坚持项目法定、事权统一、谁委托谁付费，对涉及企业的行政事业性收费、政府性基金、行政审批前置服务项目收费、政府性保证金、抵押金等收费项目进行清理，将所有行使行政权力向企业收费的部门纳入其中，以清单条目逐项列明收费项目、收费主体、主管部门责任，实行"涉企收费进清单、清单以外无收费"。清单严格实行"四个不进"，即没有法律法规依据的收费不进，未经国务院授权设定的收费不进，明显不符合经济社会发展需要的收费不进，重复、交叉设置的收费不进，行政审批事项相对应的前置服务项目一并纳入。清单实施后，企业负担明显减轻，收费行为更加规范，省级收费项目由398项减少到170项、减少57.3%，市级减少41%，县级减少38%，年减轻企业负担50多亿元，为企业带来了实实在在的好处。

四、规范公共资源交易压缩权力寻租空间

按照依法依规、公开透明原则，对分散在省直有关部门的工程建设项目招标投标、政府采购、建设用地使用权和矿业权出让、国有产权、教育技术装备采购、药品医用耗材设备采购等公共资源交易活动，统一制度规则、统一平台交易、统一服务标准、统一信息公开，

建设统一规范的公共资源交易平台，做到公共资源交易进平台、平台之外无交易。省整建制撤销招标局，省与合肥市共同组建安徽合肥公共资源交易中心，负责省本级和合肥市公共资源交易。加强公共资源交易监督管理，实行综合管理与行业监督相结合、监督与交易经办相分离，形成发展改革部门综合监管、行业主管部门分业监管、各交易主体统一进场交易的管理体制和运行机制，管办分开，规范透明。设区的市依法设立公共资源交易平台，负责经办本地公共资源交易。

五、完善监管体系努力做到"放、管、服"结合

为加强行政权力运行事中事后监管，将保留、取消、下放、前置改后置等权力事项全部纳入监管范围，建立"1+X"的制度框架，其中"1"是权力运行监管总的制度规范，明确监管原则、监管对象、监管机制、监管责任等，"X"是行政审批、行政处罚等权力事项事中事后监管具体细则，明确监管任务、监管模式、监管方法等，最大限度压缩自由裁量权，实现对纳入清单的政府权力全过程监督，构建依法依规、公开透明、纵横协同、全程监督的监管体系。按照依法依规、集体决策、公开透明、终身负责的原则，建立了规范重大事项决策行为的制度，同时切实推动"四个全覆盖"，即重要岗位轮岗全覆盖、审计监督全覆盖、制度规范全覆盖、巡视全覆盖，促进依法用权、秉公用权、透明用权、廉洁用权。开展行政审批和服务项目流程再造，进一步简化程序、明确标准、提高效率，加快统一的电子政务平台建设，推动政府权力网上运行、公开透明，让市场主体享有更快捷方便的服务，让人民群众有更多改革获得感。

安徽省在推进简政放权、政府职能转变方面虽取得初步成效，但还存在日常监管不及时不到位、现代科技监管手段运用不够充分、事

中事后监管机制有待进一步健全、部分中介服务收费事项较多、标准过高等问题，简政放权、放管结合距离群众的期待还有差距。下一步，我们将按照中央的部署要求，持续简政放权，做好"放、管、服"工作，改一件成一件、巩固一件。进一步巩固和深化三个清单建设成果，不留尾巴、不留死角、不搞变通，把该放的权力放下去、放到位；进一步创新监督管理，完善监管制度，改进监管手段，把该管的事情管起来、管到位；进一步优化政府服务，改进办理流程，简化办事程序，打通便民服务的"最后一公里"。

推进政府治理体系和治理能力现代化的积极探索

——"取消和下放行政审批事项激发企业和市场活力"的第三方评估

张占斌

国家行政学院经济学部主任、教授

　　2014 年 6 月，国务院办公厅委托国家行政学院等四家机构围绕党中央、国务院重大政策落实情况开展第三方评估，国家行政学院承担"取消和下放行政审批事项激发企业和市场活力"专题。8 月，李克强总理主持国务院常务会议听取了国家行政学院等四家的评估汇报，对开展第三方评估给予积极肯定的评价。中央电视台《新闻联播》、《焦点访谈》、中国经济网《财经对话》等栏目重点报道后，更是受到了新闻媒体和社会各界的广泛关注。开展第三方评估，是一项重大的制度性创新举措，是采用一种新的办法来推动改革、推动发展，是建设符合时代要求和人民满意现代政府的有益尝试，是推进政府治理体系和治理能力现代化积极探索。对这些新生事物，我们要认真总结好的做法、理念和经验。

一、第三方评估是一项重大的制度性创新举措

　　从国外"第三方评估"的经验看，第三方是指处于第一方（被评对象）和第二方（服务对象）之外的一方。由于"第三方"与"第一方""第二方"都既不具有行政隶属关系，也不具有经济利益关系，所以一般也会被称为"独立第三方"。多数情况下是由非政府组织（NGO），即一些专业的评估机构或研究机构充当"第三方"，其独立性、专业性、权威性比较可信。在我国政府管理创新实践中，第三方

评估的"第三方"被赋予了比西方更宽泛些的理解。第一方评估是指政府部门组织的自我评价；第二方评估是指政府系统内，上级对下级作出的评价，也称为"督察"，这都属于内部评价。而第三方评估是指由独立于政府及其部门之外的第三方组织实施的评价，也称外部评价，通常包括独立第三方评估和委托第三方评估。第三方的主体可以是多样的，包括受行政机构委托的研究机构、专业评估组织（包括大专院校和研究机构）、中介组织、舆论界、社会组织等。

2014 年 6 月以来，国务院首次委托国家行政学院、中国科学院、国务院发展研究中心、全国工商联四家机构开展第三方评估。按照分工，国家行政学院评估"取消和下放行政审批事项激发企业和市场活力"的落实情况；中国科学院评估"重大水利工程及农村饮水安全"；国务院发展研究中心则承担了两项评估任务，分别是"加快棚户区改造"和"实行精准扶贫"；全国工商联评估"向非国有资本推出一批投资项目"。

根据国务院办公厅委托任务的要求，为体现评估的专业性，国家行政学院组建专业复合型专家评估组，涉及公共管理、公共政策、经济学、行政法、政治学、社会管理、文化科技、电子政务等领域近 30 位专家，还成立由相关专业知名学者组成的 12 人顾问组。评估组讨论确定了评估对象、评估范围、评估模型、评估方法等。其中，评估对象为，本届政府前四批取消下放的 416 项行政审批等事项（评估工作开始时，第五批事项尚未正式公布）。评估范围包括，评估分三个组分赴 20 个国务院部门、11 个省份、24 个地级市（区）和 10 个县（市）。评估组借鉴国际通行的"目标—效果"评估模型，主要从政策目标、执行过程、执行效果三个维度来评估政策落实情况。确定了"六评一看"的评估方法，即评目标、评数量、评含金量、评监管、评规范、评效果、看下一步审改。

根据评估模型，国家行政学院评估组以"六评一看"为主要内容，设计了评估问卷，包括针对国务院部门、省级政府、市县级政府、大学生创业以及小微企业共 5 类，共回收问卷 2406 份。评估组还先后召开座谈会 103 次，访谈 2000 余人次。其中，政府工作人员约占一半，不同规模、行业、所有制企业以及学校、医院、科研院所和行业协会等有关人员约占一半，专家学者约占 2%。按照评估方案，根据评估模型、方法，评估组对国务院"取消和下放行政审批事项激发企业和市场活力"进行了独立评估。李克强总理在听取第三方评估汇报时，肯定了第三方评估成果，他在回应问题时指出，过去评价政府工作做得好不好、是否落实到位，往往通过主管部门自我检查、自我评价。这就造成了"自拉自唱"，自己给自己"唱赞歌"，和群众的实际感受往往有较大差距。李克强总理要求国务院办公厅认真总结经验，使第三方评估今后成为政府工作的常规机制，并要求有关部门要逐步尝试，将更多社会化专业力量引入第三方评估，进一步加强对政策落实的监督、推动，不断提高政府的公信力。

2014 年 10 月，党的十八届四中全会通过的《中共中央关于全面推进依法治国若干重大问题的决定》提出，明确立法边界，对争议较大的重要立法事项，由决策机关引入第三方评估；探索委托第三方起草法律法规草案。全会决定中明确提出立法领域引入第三方评估。这意味着作为一种非常重要的制度创新，第三方评估已经得到党中央、国务院的高度重视和认可。而且，第三方评估适用范围也在不同领域得以拓展，这说明在国家治理体系和治理能力现代化方面的探索有了可喜的进步。

二、"取消和下放行政审批事项激发企业和市场活力"的积极效果评估

笔者参加了评估的全过程，总的感觉，这次审改的成效突出表现

在以下几个方面。

一是明确释放了全面深化改革的强烈信号，推动了全社会凝心聚力促改革。本届政府将加快转变政府职能、简政放权作为"开门第一件大事"，把行政审批制度改革作为重要抓手和突破口，连续发力，不断加力，"一石激起千层浪"，改革的广度、深度、力度和速度前所未有。评估组发放的问卷从一个侧面印证了以上观点。省市县的问卷显示，超过82%的受访对象认为取消下放的事项含金量较高；国有、民营、外资企业和个体工商户的问卷显示，超过91%的受访对象认为取消下放的事项含金量较高。这些都有利于全社会形成良好的改革预期，增强对我国全面深化改革和经济社会持续健康发展的信心。国务院的改革带动了地方改革。各地不仅基本完成了国务院的"规定动作"，而且积极探索并做好"自选动作"，大幅度精简和调整本级政府设立的行政审批事项。

二是明显释放了市场和社会活力，推动了稳增长、促改革、调结构、惠民生政策措施的落实。审改既是行政体制改革的"当头炮"，也是经济体制改革的"先手棋"，一头连着政府、一头连着市场，对政府权力"做减法"、对市场活力"做加法"，在一定程度上克服了政府向市场"乱伸手"，有利于更好发挥市场在资源配置中的决定性作用和更好发挥政府作用。当前经济下行压力较大，各级政府都在努力采取措施推动经济持续健康发展。审改工作在微观层面增强了企业投资的自主性，激发了群众包括大学生创业创新的积极性。对大学生创业的问卷分析显示，2013年以来，大学生创业的企业中，约85%在第三产业，近70%位于地级市和县（市）。这表明，审改工作有利于促进大学生创业就业，也有利于调整产业结构。在宏观层面，审改进一步推动了宏观调控方式创新，使得区间调控和定向调控更加积极更加有效。这次审改对稳增长、促改革、调结构、惠民生的作用，受到受访企业的高度认可。

　　三是有效推动了"放管结合"，提高了监管和服务水平。这次审改强调放要放到位，管要管住管好，坚持放管两轮驱动，两手都要硬，出台了若干加强监管和服务的文件。《国务院关于促进市场公平竞争维护市场正常秩序的若干意见》从理论上说清楚了加强监管的内涵和外延。国务院通过的《企业信息公示暂行条例》强化了企业和相关行政管理部门的信息公开力度，便于交易相对人了解信息，保障交易安全。特别是行政处罚信息公开和根据企业注册号随机摇号抽查，有利于促进商务诚信和政务诚信建设。《国务院关于清理国务院部门非行政许可审批事项的通知》《国务院关于严格控制新设行政许可的通知》等文件，进一步规范了行政行为和行政审批事项的设定、实施。行政审批向标准化、规范化、科学化方向的努力，提升了政府的公共服务质量和服务效率。

　　四是进一步推动了各级政府转职能、转作风，促进了高效廉洁政府建设。审改不仅是全面深化改革的重要内容，也能够有力推动经济、政治、文化、社会和生态文明五大建设。通过取消下放行政审批事项，政府减少了对经济领域的微观干预，把精力更多放在创造良好发展环境、搞好优质公共服务、维护社会公平正义上。特别是一些地方还探索将职能转变与机构改革相结合，推动行政体制改革不断深化。这次审改与转作风相结合，有利于"八项规定"制度化、规范化、持久化。地方和部门树政务新风，政府和群众的距离拉近了，政府的公信力提高了。89%以上的受访企业认为，审改有利于推动政府转作风。审批是腐败和不正之风的高发频发领域，审改有釜底抽薪功能，有效减少了设租寻租的机会与土壤，受到了企业的欢迎和社会高度关注。

三、评估发现存在的主要问题和深化审改的建议

开展第三方评估，不仅仅要评估已经取得的成绩，更要发现存在的问题和解决问题的建议方案。那么，在评估过程中发现存在的主要问题都有哪些呢？一是在"放"的方面，数量目标还未完全落实，含金量有待进一步提高。二是在"管"的方面，对保留的行政审批事项，部门还存在该批不批或以批代管现象；地方还存在审批不规范和服务不到位的现象。三是中央政府和省级政府改革纵向联动比较好，但省级政府与市县政府联动不够。各地审改推进力度不一样，进展不平衡。四是转移支付制度改革和行政审批制度改革横向配套不够。评估组针对评估中发现的问题，对下一步审改提出了多项建议。这里重点介绍其中的三个主要方面的内容。

一是着力解决"最先一公里"和"最后一公里"问题。首先，评估发现，从部委到地方，最难弄清楚、说明白的就是行政审批事项的数量。不少地方在探索推出"审批权力清单"和"政府权力清单"，但因为大小项的标准不统一，很难对他们审改工作在数量上的进展进行准确评价。其次，保留的审批事项仍然过多。如，实行"先照后证"，企业出生容易了，但企业登记前置许可项目还有很多，如果不加大力度减少和严格规范"证"，企业出生了也很难活下来。特别是非经济领域的审批事项取消下放不够，需要进一步清理。最后，评比达标等事项过乱，资质资格类项目繁多。建议对"行政审批事项"进行明确界定，进一步加大力度，摸清审批等事项家底，包括行政许可、非行政许可、资质资格以及评比达标等，对各部门和地方编制"行政审批事项目录"进行统一规范。建议加大对地方改革的指导和检查，同时，建议各省级政府也对本辖区的审改工作开展自查、督查和第三方评估。

二是重点解决监管"短板"和服务滞后问题。评估发现，"监管是短板""会批不会管"的情况普遍存在，各地基层监管能力跟不上的情况比较突出，"对审批很迷恋，对监管很迷茫"。行业协会、中介机构等审批和服务不规范的问题比较突出。在审批过程中，环评、能评、安评等中介服务不仅收费高，而且时间长，影响了效率。建议抓紧加大对《国务院关于促进市场公平竞争维护市场正常秩序的若干意见》落实情况的检查评估，借助云计算和大数据技术手段加强监管，尽快出台中介机构管理办法和行业标准，建立中介机构诚信评价制度和"黑名单"制度，对中介机构服务加强规范和监管。建议认真总结各部门各地加强行政审批规范化、提高服务水平的经验，加快推广。

三是抓紧推进财政转移支付制度配套改革。项目和资金是事关地方发展的两个关键。转移支付制度改革相对滞后，影响了行政审批制度改革的效果。取消下放行政审批等事项的改革走在前，给地方"松了绑"；专项转移支付制度的改革相对落在后，对发展"留着绊"。地方、企业还是得"跑部钱进"，还是要花费大量时间、精力和成本。党的十八届二中、三中全会对财政转移支付制度改革作出了部署，本届政府已经开展了专项转移支付制度改革的试点工作，建议及时总结经验，抓紧全面推进，落实好"逐步取消竞争性领域专项""严格控制引导类、救济类、应急类专项"等工作任务，做到既放权又放钱。

知识运用与行政审批制度改革的路径选择

杨宏山

中国人民大学公共管理学院教授、院长助理

在中央就推进简政放权、放管结合、优化公共服务、加快转变政府职能作出决策部署之后，如何贯彻落实这些重大决策，确保取得决定性成效，已经成为当务之急。在政策执行研究中，一种流行性思路以新政策的内容完备为前提预设，认为改革就是落实上级政策，做到令行禁止、落实到位。对于创制性改革来讲，由于有限认知的原因，改革启动时，一般只是提出新的价值导向，难以形成一揽子的政策目标和配套措施，需在学习和试验中增进认知，细化政策安排。这里从知识利用的视角，探讨行政审批制度改革的路径选择。

一、行政审批制度改革中的知识需求

决策行为在行政审批制度改革中具有重要地位，它直接关系到简政放权的成效。由于人类认知的有限性，决策者都不可能完全知晓政策问题和环境情况，也不可能预见其演化的各种可能性。在认知不充分的情况下，为了减少决策偏差，新政策刚提出时，往往只是提出新的价值导向，而对具体内容予以模糊处理，同时建立学习机制，在学习中积累知识，增进认知。这种政策导向的学习具有明确的目的性，致力于探寻有效的政策安排，完善和细化政策内容。

从学习源看，学习包括外部学习和内生学习两个方面。相应地，行政审批制度改革中应用的知识，可分为两类：（1）外部知识，从他者（其他地区、国外）实践中获取的启示；（2）内生知识，从自身实践中获取的经验教训。

推进行政审批制度改革，需要通过外部学习、内生学习两种途径，获取并利用这两类知识。知识具有分立性、多样性，它分散于无数的个体之中，每个人都知道许多别人不知道的知识，同时也不知道别人知道的大部分知识，没有任何一个机构或个人能够掌握所有的知识。行政审批制度改革需要建立一定的制度安排，尽可能地利用外部专家提供的外生知识，以及各部门和地方在实践中积累的内生知识。单纯依赖于任何一方的知识，都不利于提升改革成效。

二、地方政府学习能力的影响因素

中国改革不是一揽子的理性制度设计，而是利用各种形式的实践和试验进行学习，获取必要的经验教训，进而调整政策目标和政策工具，以回应不断变化的社会环境。在行政审批制度改革中，各部门的事权不同，各地区的经济社会环境存在差异性，外部专家可提供一般性知识，如提出简政放权的总体思路和路径安排，但对具体事权的取舍和调整，外部专家并不具有优势。各部门、地方简政放权，决策者既要听取外部专家、企业、公众的意见，也须听取部门、地方的意见和看法。

对于认知不充分的领域，在推进改革之前，一般要选择一些地区开展政策试验，授权其变通执行有关政策，探索新的监管机制和手段。对于试点取得成效的，主事官员也更可能获得晋升机会。随着试验的推进，通过总结地方改革实践，总结可复制的经验，将其纳入政策之中，进一步规范审批事项和流程，在更大范围内推广。逐渐地，简政放权的具体内容就会明晰化、清单化，政策执行也会走向规范化。

可见，在多层级的政府体系中，推进简政放权和政府职能转变，需要识别学习能力强的地方政府，给予必要的激励，支持其建立专项学习机制，开展政策试验，在试验中总结经验、增进认知，加强顶层设计和规划，细化政策安排。

公共政策学者围绕着地方政府的学习能力开展了大量实证研究。总结起来，它主要受到以下几个因素影响：

（一）本地经济实力和财政能力

探索行政审批的新模式，需要投入人力和财力资源，建立专项学习机制，而其收益具有滞后效应。经济实力和财政支持是这一行动的前提条件。美国学者的研究发现，经济发展水平高的州更可能采纳新政策。考察中国地方治理，我们也可以看到广东、浙江、江苏等经济发达地区的创新活动更为活跃，对国家治理创新的贡献更大。

（二）地方领导人的创新意愿

地方领导人的受教育程度高、阅历深、视野宽，对新事物的接受能力会更强。作为政治企业家，地方领导人有意推进学习和创新，就会形成很强的学习型创新驱动力。

（三）政策问题的显著性

学习的源泉之一是汲取已有实践的经验和教训。检视自身实践，总结经验教训，有可能获取内在知识，优化政策安排。一个地区的政策问题不显著，针对问题的思考就难以深入，汲取的经验教训就只是局部的、碎片化的认知。政策问题具有代表性和典型性，根据问题提出的改进措施就有普遍意义，学习中积累的经验也更有推广价值。

（四）可利用的智库资源

学习的另一个源泉来自系统外部，包括其他地方、国外的经验教训。一个地方的创新取得成效，会引起其他地方学习。地方政府对外部学习源保持敏感，有赖于智库的支持，包括内部智库和外部智库。依靠智库资源，地方政府可获取新实践、新知识、新信息，从中得到启迪，产生灵感。

三、行政审批制度改革的路径选择

（一）利用两个知识源，实行"自上而下"与"自下而上"改革相结合

一方面，要注重运用外源性知识，在比较分析和讨论中积累共识，将已经形成的共识框一框、打打包，形成简政放权清单，通过"自上而下"途径推行下去。另一方面，要提供激励因素，支持部门和地方开展政策试验，利用在实践中形成的内源性知识，完善政策安排，促进政策扩散。

（二）支持地方性政策试验，推进制度和机制创新

制度是规则体系，表现为成文的公共政策，机制是主体自动地趋向于某一目标的动力。制度与机制具有密切联系，也存在差异性：制度是具体的，依赖于国家强制力付诸实施；机制是抽象的，可能依赖于强制手段，也可能依靠互惠、动员、参与、志愿、自治等途径。简政放权不仅要推进制度创新，也要研究新制度的实现机制。地方政府在制度创新方面具有独特优势，而机制创新有赖于地方性经验的总结。

（三）提供激励因素，将可复制的地方经验纳入领导班子考核

在中国制度环境下，自上而下的激励因素对于地方治理创新具有重要促进作用。为支持地方政府开展创新性探索，在地方党政领导班子考核体系中，有必要纳入简政放权和转变职能的指标内容，将可复制的地方经验纳入领导班子考核。

（四）实行部门责任与人员编制相挂钩，适当增加基层行政和事业编制

我们在北京市调研发现，街道办事处的隐形雇员，大体为公务员、事业编制人员的2—3倍。推进简政放权改革，夯实基层公共服务体系，需要适当增加基层公务员编制。否则，大量权力事项下移给基层政府及派出机构，正式编制人员太少，就会忙不过来，出现承接不了下放事权的问题。交给非正式编制人员承担行政许可事项，也容易出问题。

（五）推进大部门制改革，完善地方政府的整体治理体系

以城市建设项目行政审批制度改革为例（见第四部分）。在现行制度安排下，国土资源部门、规划部门都对城市空间进行管理，分别设置审批事项和流程，相互交叉，虽然有并联审批，企业也要跑断腿。广州市推进"三规合一"，统一测绘标准和信息化系统，合并国土和规划部门，再造行政流程，实行一体化管理，精简审批事项和环节，明显提高了审批效率。

（六）完善新常态下公职人员的激励机制

随着简政放权和政府职能转变的推进，基层公务员的隐性收入减少。在新常态下，需要适当提高基层公务员工资，改进激励机制，让

公务员队伍保持吸引力和士气。

四、地方性经验：以广州市国土与规划领域 审批改革为例

2013年12月召开的中央城镇化工作会议上提出"建立空间规划体系""城市规划要由扩张性规划逐步转向限定城市边界、优化空间结构的规划""要一张蓝图干到底"等城镇化工作任务；将建立空间规划体系、形成一张蓝图、限定城市发展边界、划定生态红线等工作提到国家政策高度。

2014年2月，广州市在推进"三规合一"的基础上，决定组建市国土资源和规划委员会。2015年2月，广州市国土资源和规划委员会挂牌成立，通过重组内设机构，整合行政审批事项，推进标准化建设。"三规合一"通过开发协同平台，依靠"一张图"进行审批监管，致力于减少审批环节，提升审批效率，更好地服务于经济社会发展，服务于城乡居民。

我们于2015年5月到广州市国土资源和规划委员会、萝岗区国土规划局进行调研，通过参加座谈会、访谈、现场观摩等形式，了解行政审批改革的举措、成效和经验。总体来看，广州市国土和规划领域推进审批改革具有以下经验。

（一）成立领导小组

该小组由市领导担任组长，负责协调有关各方，落实市级决策部署，解决"三规合一"背景下行政审批改革遇到的问题、强化跨部门协调力度。

（二）清理和合并审批事项

1. 以项目业主的需求为导向，对建设项目审批事项进行合理分类。

2. 以简政放权为导向，尽可能精简下放行政审批事项。将适合由区级承担的建设审批与公共服务事项尽可能下放到各区，便利项目业主就近就地办事。

3. 以注重结果为导向，合并和减少审批环节。对于同一个项目的同一类审批事项，将原来由申请人多次单独申请的多个环节进行必要合并，实现行政审批、技术审查一次性申请、一次性审批。

（三）再造行政审批流程

1. 优化五大阶段的审批流程。在摸清建设项目审批事项的基础上，对每一阶段、各阶段之间的审批流程进行优化组合，强化部门内部处室首办责任，实行后台流转、并联审批、信息共享，减少申请人多次往返报审工作。

2. 清理和优化互为前置的审批事项。根据实际需要，调整和优化事项办理前后关系，提升行政审批效率。将一些前置性审批、审查事项改为后置办理，审批部门提前开展行政指导，提出指导意见。

3. 引入多部门联合评审机制。对涉及多个部门的审批事项，建立跨部门联合评审机制，各部门审批人员集中办公，减少业主准备资料和参会工作量，增进部门间沟通和现场协调，减少各部门意见不一致而产生的矛盾和反复。

4. 推行网上申报、电子政务、信息共享的审批流程。做好申请材料标准化工作，推行"一份办事指南、一张申请表单、一套申报材料，办理多项审批"的行政流程，大幅度减少申报材料，减少审批环节，压缩审批时限。

（四）信息化系统建设

建设"多规合一"信息化系统及业务协同平台，为国土和规划行政审批改革提供技术支持。这一工作至关重要。信息化系统可提高部门之间信息沟通的便捷性，促进行政审批信息共享，实行透明审批、限时审批，有利于提高审批效率。

在"三规合一"背景下，广州市正在建设以下四个信息化系统：

1."三规合一"跨部门业务协同平台。为发改、国土和规划、环保等部门协同开展工作提供技术支持，为项目的后续审批提供依据。

2.建设项目审批信息管理系统。"三规合一"平台上生成项目信息后由项目计划编制牵头单位制定实施计划，由新流程自动将项目信息推送至建设项目审批信息管理系统。

3.各部门对接审批系统。进入审批阶段后，依托各部门对接审批系统，项目策划生成信息、决策信息、业主申报信息、各部门审批意见，自动在多部门之间相互推送、实时共享。

4.项目审批电子监察系统。该系统为政务中心和监察机关开展在线监控提供抓手，可督促审批部门依法审批、限时审批，防范和遏制体外循环。

（五）标准化体系建设

包括空间测绘、信息对接、申请材料等标准化建设：

1.统一测绘标准。目前，国家对城市空间管理的标准尚不统一，不同部门存在各自的标准。广州市推进"三规合一"，统一国土和规划的测绘标准，以"一张图"为基础，优化审批流程。

2.统一信息对接标准。国土规划系统行政审批制度改革依托于新型信息化系统，推进信息化工作，统一信息对接标准。

3.统一申请材料标准。新型国土规划行政审批流程分为五大阶段，每个阶段确定一个牵头部门，设立跨部门统一登记收件窗口，实行内部流转、并联审批、同步办理、信息共享，尽可能减少申请方的办事环节。

（六）协调督办系统建设

包括两个方面的工作推进：一是强化国土规划系统内部的综合协调力度，促使各处室、区级、街道（乡）工作机构提高审批效率，提升服务水平；二是在市、区两级赋予政务中心推进审批制度改革、做好协调督办的职责。

（七）国土规划领域社会信用系统建设

强化事中、事后监管是当前加快转变政府职能的基本导向。社会信用体系建设是重要手段，广州市国土和规划部门依托公共信息服务平台，记录企业、中介服务机构的不诚信事件，致力于构建"一处失信、处处受限"的社会信用环境。

打通简政放权的最后"一公里"

迟福林　张飞

迟福林　中国（海南）改革发展研究院院长、教授

张　飞　中国（海南）改革发展研究院副研究员

这两年来，政府推出负面清单、权力清单、责任清单"三张清单"，目的是激发企业和市场的活力，更好地发挥政府作用。从现实情况看，向纵深推进的行政审批制度改革要真正惠及企业，真正反映在企业投资便利化上，需要深入研究激发企业活力的体制机制安排，打通简政放权的最后"一公里"，最大限度地激发市场主体活力。这里，有三个问题需要进一步研究。

政府推出负面清单、权力清单、责任清单的目的是激发企业和市场的活力，更好地发挥政府作用。从现实情况看，向纵深推进的行政审批制度改革要真正惠及企业，需要深入研究激发企业活力的体制机制安排，打通简政放权的"最后一公里"。

一、能不能适时取消企业一般投资项目备案制

2013 年以来，我国两次对《政府核准的投资项目目录》进行修订，通过修订，中央层面核准的项目数量减少约 76%，进一步向市场主体放权。客观地看，实行备案制确实是行政审批制度改革的一项重要突破。但由于多种因素，这项改革仍难以满足市场主体的实际需求。

1. 从投资审批制到备案制是个重要突破

2004 年之前，无论是政府投资项目，还是企业投资项目，都实行审批制，这在我国经济起飞初期对产业布局起到了重要作用。但随

着我国加入 WTO，这种审批制越来越难以适应内外市场发展的需要，其弊端日益暴露，妨碍了要素的自由流动，不利于激活市场。2004年，国务院出台《关于投资体制改革的决定》，明确规定"企业不使用政府投资建设的项目，一律不再实行审批制，区分不同情况实行核准制和备案制"。

2008 年国际金融危机以来，受内外市场的双重影响，我国经济下行压力增大，经济增长由高速进入到中高速的阶段。但国内企业投资环境并没有得到较好改善，国内市场潜力难以有效释放，经济增长乏力。2013 年全国"两会"期间，有政协委员指出"目前投资一个项目仍需要盖 108 个章"，这不仅影响了企业投资效率，而且不利于激发市场活力。从初步的实践看，近两年来从上到下各级政府加大以简政放权为重点的行政审批制度改革力度，全面推行企业备案制，大幅削减企业投资项目规模，进一步为企业"松绑"。简政放权最大限度地激发了各类市场主体的活力。

2. 实践中备案制仍被变相"审批"

我国实行备案制的初衷是尽可能减少行政审批环节，缩短企业到政府相关部门办事时间，提高政府办事效率。从国际经验看，企业投资备案的主要意义在于报备或者通知，主要是为了便于政府掌握企业投资信息，对投资运行进行监控和分析，从而引导社会投资。从理论上讲，备案制应该是一种比较便捷的方式，有利于企业投资便利化。但目前在实际操作中，有些地方的备案被普遍赋予审批的意义，甚至比审批需要耗费更多的时间，饱受各类市场主体诟病；一些部门仍采用审批制那套流程标准，一些审批"明放暗不放"，隐晦地实行"备案"，看起来是备案，实际上是审批，使得备案制效果大打折扣。例如，一些地方政府通过设立财政资金扶持项目、科技创新项目等进行公共资源的政策性分配，成为事实上的变相审批。客观地看，企业投资项目备案仍属于前置性的行政控制，并不能有效减少企业的不正当竞争和违法行为，而且有可能成为变相审批。向纵深推进以简政放权为重点的行政审批制度改革，需要进一步改革备案制。

3. 取消企业投资项目备案制

市场经济条件下，在政府严格管理城乡规划、土地利用、环境保护、安全生产等事项的前提下，企业一般投资项目一律应当由企业依法依规自主决策，不再需要备案。当前，从增强行政审批体制改革的实际效果出发，加快落实中央关于"破除阻碍创新发展的'堵点'、影响干事创业的'痛点'和市场监管的'盲点'，为创业创新清障、服务"的精神，需要确立企业投资主体地位，适时取消企业一般投资项目备案制，将投资决策权彻底交还给企业。同时，对企业有可能发生的违法行为重点放在事中、事后的市场监管环节，实现行政审批与市场监管相分离，做到放管结合，并由此加快推进市场监管由行政监管为主向法治监管为主的转型，为各类市场主体营造公平竞争的营商环境。

二、能不能尽可能不用或少用产业政策干预企业投资行为

在我国经济起飞的特定阶段，产业政策能够有效推动对整个国民经济拉动效应较大的重点领域和关键环节的产业快速发展。并且，政府通过财政、税收、土地等优惠政策，可以对重要支柱产业发展起到调节作用。随着我国市场经济体制逐步完善，尤其是在当前经济下行、内外市场不振的情况下，继续对某些产业实行优惠政策，不仅难以消化当前某些领域的过剩产能，而且还容易妨碍产业结构调整升级。

1. 某些产业政策在推动产能过剩中起到推波助澜的作用

当前，不仅传统产业，而且战略性新兴产业也出现产能过剩。从国际经验看，产能利用率一般在 79%—83% 区间属于产需合理配比。据"2013 中国企业经营者问卷跟踪调查"显示，我国目前有 19 个制造业产能利用率都在 79% 以下，有 7 个产业产能利用率还在 70% 以下，只有 2 个接近 79%。[1] 具体而言，在传统产业方面，据工信部公布的数据显示，2012 年底，我国钢铁、水泥、电解铝、平板玻璃、船舶产能利用率分别为 72%、73.7%、71.9%、73.1% 和 75%，[2] 明显低于国际通行标准。与此同时，风电设备、多晶硅、光伏等战略性新兴产业也出现产能过剩。数据显示，2012 年我国光伏设备产能利用率只有不到 60%，风电设备产能的利用率不到 70%。可以说，产能过剩呈现全面性、长期性甚至绝对性的突出特点。

客观讲，在 2008 年的国际金融危机中，我国出台了某些产业振兴规划，在扩大投资规模、保持经济稳定增长中有着重要作用。但不能不说，近些年我国产能过剩在很大程度上与这些产业政策相关。一段时间以来，一些开发区、产业园区为了招商引资出台"零地价""税收返还"等产业政策，进一步加剧地方政府间的恶性竞争，加大地方保护主义倾向，影响了资源配置效率，有违公平竞争的市场原则。

2. 泛化产业政策容易扭曲市场主体的投资行为

在现代市场经济条件下，一些特定产业，如农业，各国都有保护政策，但不能每个产业都实行优惠的产业政策，这样容易妨碍市场公平竞争，人为地导致供求关系失衡，不利于利用市场机制自动调节供求关系和消化过剩产能。这些年政府与市场关系的失衡，很大程度上与政府产业政策相关联，由此造成市场主体对产业政策的

---

① 林火：《建立长效机制化解产能过剩》，《经济日报》2014 年 11 月 18 日。
② 钟春平：《正确认识"产能过剩"问题》，《光明日报》2014 年 7 月 16 日。

过度依赖。

第一，正常情况下，企业一般根据市场行情来决定自己的投资行为。从实际情况看，各地产业政策的优惠程度不一，促使一些企业通过比较各地产业政策来决定投资行为。这样一来，一方面，加剧了地方政府间产业政策恶性竞争，造成一些地区盲目投资、重复建设，产业同构现象严重；另一方面，企业对产业政策的过度依赖导致企业应对市场风险的能力减弱，一些企业不把主要精力放在开拓市场和经营管理上，而是想办法钻产业政策的空子，甚至通过不正当手段获得政府补贴，一旦遇到市场波动，就寻求政府扶持，长此以往形成了"恶性循环"。

第二，由于大量产业资金分散在不同部门，在利益的驱使下，一些企业将同一个投资项目经过不同"包装"后向不同部门重复申请资金支持，不利于产业资金的合理配置。

第三，创新是企业发展的不竭动力，而当前我国企业自主创新能力不强在很大程度上与政府的科研经费管理体制有关，一些企业为了获得巨额的研发经费，并没有把主要精力放在"研发"上，而是放在千方百计争取财政资金上。

3. 尽可能少用或不用产业政策

党的十八届三中全会《决定》提出："使市场在资源配置中起决定性作用和更好发挥政府作用"。我理解是要进一步明确政府与市场的边界，加快政府向市场放权，充分发挥市场在资源配置中的机制性作用，将政府的主要职责限定在公共服务领域。从实践看，华为、小米、阿里巴巴、京东等一大批创新型企业的成长不是靠政府产业政策扶持的结果。相反，一些企业长期依赖政府政策扶持在创新方面往往走不了长路。市场经济条件下，政府的主要职责之一就是营造良好的市场环境，应当尽可能少用产业政策去干预企业投资行为，使各类市场主体根据市场变化来决定自身的投资行为。今后，企业投资项目，除关系国家安全和生态安全、涉及全国重大生产力布局、战略性资源开发和重大公共利益等项目外，一律由企业依法依规自主决策，政府不再审批。

三、能不能尽快全面实施企业自主登记制度

近两年来，为了培育大众创业、万众创新的市场环境，各级政府开始全面推行商事登记制度改革，赢得了市场主体的广泛支持。从实践看，这项改革有效激发了市场主体的活力。与各类市场主体的实际需求相比，我国商事登记制度改革仍显滞后，企业登记注册程序还比较烦琐、不够便利，仍有较大的改革需求。

1. 商事登记制度改革以来市场主体呈现快速增长的势头

近两年，各级政府加快了企业工商登记制度改革步伐，在全面实施注册资本由实缴制改为认缴制、"先证后照"改为"先照后证"、企业年检制改为年报制等一系列降低市场准入门槛的举措之后，2015年又开始实施"三证合一"试点，明显简化了企业注册登记流程，改善了政府与市场关系，有效激发了市场主体的活力。

第一，企业登记注册效率大幅提升。实现"三证合一"后，企业只需在一个窗口提交材料，办证由过去30天缩短至5个工作日，提高了市场主体的准入效率，且不收任何注册费用。

第二，新登记市场主体数量快速增长，市场活力显著激发。据统计，2014年3—12月，全国新登记注册市场主体1146.69万户，同比增长16.82%，注册资本（金）18.53万亿元，增长85.83%。其中，企业323.51万户，增长48.76%，注册资本（金）17.07万亿元，增长97.09%，平均每天新登记企业1.06万户。

第三，产业结构进一步优化，服务业加快发展。2014年全国新

登记注册的服务业企业达 287.42 万户，占新登记注册企业总数的 78.72%，尤其是信息技术服务业、软件、教育、文化、体育等企业数量快速增长。[①] 客观地看，"三证合一"减少了相关部门对市场主体不必要的行政干预，淡化了部门利益，为市场主体创造了良好的发展环境。

2. 商事登记制度仍有较大的改革需求

当前，"三证合一"将工商、质监、税务分别核发证照改为由工商部门一次性核发营业执照，简化了企业设立程序。可以说，从"先照后证"到"三证合一"是一个巨大的进步。但问题在于：

第一，"三证合一"仍需要工商、税务、质监三个部门并联审批，尚未实现"一证一码"，仍有很大的改革需求。

第二，企业注册登记时间仍然过长，不够便利。例如，新加坡的企业注册登记只需 3 小时就能在网上完成；我国香港公司注册处于 2011 年建立了"注册易"一站式服务网站，企业登记最快仅需 1 小时，而我国大陆在实施"三证合一"后企业办证仍需要 5 个工作日。

第三，为了破解当前市场监管缺位、错位和越位等问题，不少地方将工商、质监、食药监部门进行"三合一"整合，成立新的市场监督管理局，但由于多方面的原因，新的市场监督管理局尚未达到预期效果，彼此间的协调不够，使整合的效率大打折扣。

3. 全面推行企业自主登记制度

进入"互联网+"时代，实现企业自主登记注册的技术条件和时机已经成熟。建议借鉴新加坡、中国香港等地的经验，从"十三五"开始，全面推行企业自主登记制度。

第一，加快推进商事登记便利化，在"三证合一"的基础上，

---

① 《商事登记制度改革激发市场活力》，《人民日报》2015 年 1 月 23 日。

尽快实现"一证一码"，建立全国统一的企业信用信息公示"全国一张网"。

第二，在"三证合一""一证一码"的前提下，率先在四大自由贸易试验区实施企业一站式登记注册，尽快建立全国统一的企业自主登记注册网络平台，在企业注册时间上与国际接轨。

第三，为了防止"一放就乱"，建议加快配套改革，从国家层面整合国家食品药品监督管理总局、国家质量监督检验检疫总局和国家工商行政管理总局的消费品安全监管职能，组建专司消费市场监管的国家市场监督管理总局。

推行政府权力清单制度：
上海的实践与思考

郭庆松　　陈奇星

郭庆松　上海行政学院副院长、教授

陈奇星　上海行政学院公共管理教研部主任、教授所谓政府权力清单就是对各级政府及其各个部门权力的数量、种类、运行程序、适用条件、行使边界等方面进行详细统计和全面清理，明晰权责，形成的目录清单。

党的十八届四中全会通过的《中共中央关于全面推进依法治国若干重大问题的决定》为我们在改革开放新形势下加快推行政府权力清单制度，明确政府权责界限，依法行使权力、依法规范和公开权力运行指明了方向，赋予了新的内涵。李克强总理在 2015 年政府工作报告中进一步提出，加大简政放权、放管结合改革力度。制定市场准入负面清单，公布省级政府权力清单、责任清单，切实做到法无授权不可为、法定职责必须为。

近年来，上海在转变政府职能，建设法治政府和服务型政府进程中，积极探索推行政府权力清单制度。如上海市委书记韩正同志于 2013 年 12 月在上海市委十届五次全会上就明确提出，上海要逐步建立权力清单制度，规范和明确权力运行的程序、环节、过程、责任，做到可执行、可考核、可问责。2015 年 2 月 28 日，韩正同志在上海市领导干部专题学习班上再次指出，深入推进依法行政，加快建设法治政府。核心是加快推行"三张清单"制度，今年要制定和发布市级行政权力清单和责任清单。

一、上海建立和推行权力清单制度的主要做法和成效

近年来，上海进行了建立和推行政府权力清单制度的探索。就总体情况来看，市级政府层面推行权力清单制度处于试点阶段（目前选择了发展改革委、经信委、质监局、市容绿化局等单位进行试点）。区县政府层面正在探索并且取得一定进展的是上海市杨浦区和浦东新区。

2014 年 6 月，上海市发改委公布了 2014 年权力清单，共有 41 项权力事项纳入清单，其中行政审批事项 24 项，政府定价事项 17 项。上海市发改委主要探索了从梳理权力——确认权力——优化权力运行流程的权力清单制度建设模式，并将权力清单制度和网上办事、项目审查、行政审批标准化管理相结合，建立权力清单动态调整机制作为进一步推进权力清单制度的工作重点。[①]

2014 年 10 月，上海市杨浦区 2014 年版行政权力目录开始分批在"上海·杨浦"门户网站和杨浦区机构编制网上线公开。杨浦区成为上海全市首个"晒"出政府行政权力目录的区县。杨浦区将推行权力清单制度分为全面清权、优化确权、阳光晒权和监督制权等阶段。2014 年首次分批公布的行政权力目录，共有经过区委、区政府审定的杨浦区行政权力 4407 项，其中审批 514 项、处罚 3586 项、征收 8 项、强制 105 项、确认 26 项、裁决 3 项、给付 95 项、其他 70 项。[②]整个过程强调以法律法规为依据，依法进行。

---

① 上海市发改委公布：《2014 权力清单纳入 41 项权力事项》，《东方早报》2014 年 6 月 30 日。

② 张骏：《上海杨浦率先晒出政府行政权力清单》，《解放日报》2014 年 10 月 23 日。

2015年4月，浦东新区公布了区级政府部门的权力清单和责任清单1.0版本，将行政权力分为行政审批、行政处罚、行政强制等18类，权力清单的依据是法律、行政法规、部门规章、市政府规章以及浦东综合配套改革文件。将行政责任分为部门主要职责、行政协同责任、事中事后监管制度、重点行业重点领域监管措施、公共服务导航等5个模块。通过调研发现，权力事项共计6456项，其中行政处罚5234项，占81%；行政强制256项，占4%；行政审批251项，占4%；其他各项权力715项，占11%。

责任清单共计1423项，主要职责513项，行政协同责任125项，事中事后监管制度158项，重点行业重点领域监管措施89项，公共服务导航538项。下一步，浦东新区拟探索权力清单和责任清单2.0版本，将权力清单拓展到街道、镇，同步推进行政权力分类清理工作，责任清单增加"行政过错责任"模块。

总体而言，上海推行权力清单制度已经取得了一定进展和成效，具体体现在以下方面：

一是上海推行权力清单制度改革的探索，既在市政府部门（条）层面进行，也在区县政府（块）层面进行，反映了条块结合的特征，体现了试点的全面性，有利于改革的配套性和综合性。

通过选择部分属于"条"的部门和属于"块"的区县政府进行试点推行权力清单制度，能够在政府部门之间（条之间）以及"条"和"块"之间形成相互制约和相互促进的氛围，有利于发现条块之间在权力配置方面的一致性和差异性，避免上下不协调的情况，提升权力配置和运行的配套性和综合性。同时，多个层面同时进行试点，有利于发现上下衔接过程中存在的问题，有利于各方面形成改革共识，使多个方面认识到推行权力清单的重要意义在于政府管理理念和管理方式的转变，在于政府流程的再造和行政效率的提升。

二是通过部分市政府部门和区县政府对权力清单的探索，初步形成了推行权力清单制度的工作流程，对推行权力清单制度过程中可能遇到的难点以及可能存在的风险点有了初步的认识，为全市范围全面建立和推行权力清单提供了经验和借鉴。

推行权力清单制度的试点已经探索了一套有操作性的工作程序和流程，对权力清单的规模有了一定的认识，形成了全面清权——合理配权——阳光晒权——监督制权的推行权力清单制度的工作程序和流程，一些工作程序和流程可以做到"可复制、可推广"。同时，通过试点探索对全面推行权力清单制度可能遇到的工作难点以及各个环节中可能存在的风险点有了初步的认识。这些都为全市范围全面建立和推行权力清单制度奠定了良好的基础。

三是明晰了进一步推行权力清单制度的工作重点和方向，充分体现了面向社会、服务民众的精神。

通过建立和推行权力清单制度的实践探索，一些市政府部门和区县政府认识到公开权力清单只是"万里长征第一步"，更为重要的是如何通过制度建设、打造电子化平台使行政权力按照权力清单要求运行，优化权力运行流程，提高行政效率，提高行政相对人的满意度，并且形成责任清单，实现权力清单的动态管理，全面发挥权力清单制度的作用。

同时，权力清单的探索响应社会和民众的高度关注，方便社会和民众查询使用。如浦东新区政府将权力清单分为"我想申办有关证照和批文""我想反映违法行为和情况""我想提供政策意见和建议"等6个模块，用浅显易懂的语言和形式表现出来，确保民众能够"看得懂"；责任清单聚焦民众普遍关注的食品安全、"三违"整治、安全生产等重点行业、重点领域。

二、上海推行权力清单制度过程中存在的主要问题

推行政府权力清单制度是政府的一场"自我革命"，涉及政府部门科学配置行政权力，依法公开权力和规范权力运行，以及管理理念和管理方式的更新与变革。具体分析上海目前推行权力清单的做法，也存在一些问题。

（一）推行权力清单制度的主体权威性不够

目前，上海市权力清单制度的推行往往是由政府自身牵头进行。例如，由隶属于机构编制办公室的"审改办"牵头推行权力清单制度，吸纳了政府法制部门参与"确权"等相关工作，并由各级政府最终确权。应该说这样的机制有一定的合理性。但这种工作机制没有充分发挥包括各方面专家、行政相对人的多方主体的作用，更为重要的是缺乏人大的确认，使权力清单制度推行中权威性方面显得不足。

（二）权力划分标准界限不够清晰，导致分类推行权力清单制度操作性不强

确定权力划分标准是推行权力清单制度的基础。目前，缺乏权力划分方面的统一标准。如上海杨浦区在"清权"阶段将行政权力划分为行政审批、行政处罚、行政征收、行政强制、行政给付、行政确认、政府服务和其他行政权力等八大类，并以此为依据梳理出4000多项行政权力。这种划分方法以《行政许可法》为依据，具有一定的权威性，但概括性不强，种类较多，导致操作性方面不足。调研发现，实践过程中，存在划分界限不清晰，划分时有重复的问题，一些部门常常困惑如何将各种具体的行政权力对应于上述八类；同时，部分基层单位不清楚如何区分管理和服务。

（三）权力清单制度设计的精细化程度有待提高

从推行权力清单制度本身来看，目前，上海一些试点部门规定了"清权""确权""配权""晒权""制权"的工作流程，但精细化程度仍待加强。如在清权、确权阶段，如何通过严格、合理的程序规定保证包括政府部门和行政相对人等各方面利益得以表达，保证确权的科学性方面还略显不足。在配权阶段，主要考虑如何促进经济发展，如何为企业发展、项目建设服务，而为民众服务方面不够。在晒权阶段，将全部梳理出的几千项权力全部晒出可能有法律风险并且成本也较高，而哪些权力应该先晒，哪些权力可以后晒，如何实现权力清单的动态管理等方面缺乏明确而清晰的规定。

（四）一些政府职能的兜底条款在权力清单中比较难以体现，有的甚至与权力清单制度设计的初衷相冲突

由于社会管理事务的广泛性、政府管理和公共服务工作的复杂性，法律法规的具体规定有时无法穷尽各级政府及其部门的职能；同时，地方政府及政府内部机构常常存在公共权力内容、权利范围模糊的情况，针对这些情况，政府部门往往使用兜底条款对政府职能加以保障。这些兜底条款的存在有其现实必要性，有时甚至对政府职能的实现起着非常重要的作用，但这也给权力清单制度的推行带来了一定的困难。一些行政部门公开了"权力清单"，但也存在通过"其他审批事项"等兜底条款，保留隐形审批事项，设置权力的"玻璃门"和"弹簧门"。

（五）建立和推行权力清单制度的动力不足

目前，中央和上海市委、市政府对推行权力清单制度有明确的要求。然而，在一些市级政府机关和区县政府的一些部门，存在上层（如市级机关部门领导、区县政府领导）推进权力清单制度的热情

较高，而部分中层和基层公务员对推行权力清单制度积极性不高，不愿意、不主动参与推行权力清单制度，比如，一些公务员认为推行权力清单制度会人为地增加工作量，会带来工作上的束缚，给工作带来不便；一些政府部门不愿将审批权公开，使权力受到社会的监督和制约。这就会导致推行权力清单过程中存在"梗堵"现象。

三、上海进一步推行权力清单制度的对策建议

进一步推行政府权力清单制度，既需要重视改革的顶层设计，也必须注意运作过程中的微观设计。从宏观上说，上海作为地方政府，在推行权力清单制度进程中要注意上下平衡，能够与中央政府及其部门的权力清单制度相适应。在微观层面，应明确推行权力清单制度的流程，明晰工作流程中各个环节需要坚持的工作原则和方法。尤其应以行政相对人需求为核心，以流程再造为抓手，循序渐进、依法推进。具体可从以下方面着手：

（一）形成科学、合理、标准化的确权流程，保证权力清单制度的法治性和权威性

在明晰权力划分标准的基础上，确定推行权力清单制度的主体非常重要。建议组建"综合型确权委员会"，形成"两下两上＋评审＋终审"的确权模式，并将人民代表大会对权力清单的确认作为确权的关键环节，形成标准化的确权流程，强调法治性。"综合型确权委员会"可以包括人大代表、行政相对人、政府部门负责人、行政学院、科研院校专家等多方面人员。同时，采用"两下两上＋评审＋终审"的确权模式，以保证意见的全面性、确权的公开性和公平性。具体地说，第一次"下"是指动员各部门清理自身行政权力，

并填好行政权力统计表，权力运行流程表、权力运行风险控制表，做到自我梳理；第一次"上"是指政府法制部门根据各部门提交的行政权力统计表查找法律依据，对各部门行政权力进行分析和甄别，同时提交给确权委员会，形成确权的初步评审意见；第二次"下"是指将关于权力清单的意见反馈给各部门，各部门根据意见进行修改；在此基础上，再次组织确权委员会终审确认修改过的权力清单，此为第二次"上"。通过这样的确权模式，保证确权过程的公开性、公正性和法治性。

（二）将权力划分为行政服务、项目运作和政策管制，提高权力清单制度的操作性

建议将权力划分为行政服务、项目运作和政策管制。这种划分界限相对比较清晰，有利于政府部门操作。行政服务，即政府为市场主体和自然人所提供的各类辅助性办事服务。运作项目，即政府通过财政预算的方式设立各类项目（包括各类转移性支付项目），以满足民众公共服务需求、促进经济与社会发展、维护公共安全等目的。政策管制，即政府运用国家强制力允许或禁止经济与社会领域的某些活动行为，主要表现在围绕市场准入、行业资质、质量标准、技术标准等方面而设置的行政许可、行政审批制度，以及为实现一定经济与社会目标而对产业的形成和发展实施干预的各类行业政策。以上述三类标准为依据从上到下逐级梳理政府及其部门的职责和权力，做到对政府的各项权力心中有数。

（三）以行政相对人为核心，以流程再造为着眼点，促进政府部门合理配权，提高行政效能，体现整体性

政府推行权力清单应根据当前经济社会运行的需要，以行政相对人为核心，以流程再造为着眼点，以更好地履行政府职能，提高行政

效能，打造法治政府和服务型政府。具体而言，应以权力清单为基础依法对流程进行梳理，通过优化工作流程实现权力运行方式的改变。尤其是结合电子政府建设，打造政府权力运行信息化平台，对政府权力清单所列的权力事项进行编码，以行政相对人为核心和基础设计一套易操作、可监督的网上运行系统。为政府权力高效运行、政府部门相互监督以及社会监督政府权力运行提供基础性条件。同时对各项权力的归属部门进行分配，明晰各个政府部门的权责，更好地实现"配权"，打造"整体性政府"。

（四）将权力清单分为"需要对社会公开"和"需要对内公开"两部分，逐步扩大对社会公开的清单范围、缩小对内公开的清单范围，实现权力清单的动态管理，体现公开性

在现阶段，应充分认识权力清单制度的范围和边界，避免出现推行该制度所带来的负面效应大于正面效应的状况出现，这就要求公开权力清单时，从法治性和科学性方面考虑，把握好"度"。在推行权力清单公开过程中应当循序渐进，采取先易后难，先单一性部门后综合性部门的方式进行。在公开过程中，按"需要对社会公开"和"需要对内公开"的标准将各项权力逐一对号入座。如将"公权力大、公益性强、公众关注度高"的，涉及行政服务、项目运作和政策管制方面的权力设定为"需要对社会公开"，而将其他部分纳入"需要对内公开"的范畴。划入"需要对社会公开"的权力应通过政府网站或新闻媒体对社会公众公开。公开的内容应当包括：权力名称、实施主体、法律依据、办理流程、办理时限、申报材料、收费依据、联系电话等方面。同时，建立权力清单和运行流程动态调整机制，每年定期梳理政府权力，尤其应适应法律、法规的调整和经济社会发展的需要，及时调整行政权力事项、优化权力运行流程，逐步扩大"需要对

社会公开"的范围，缩小"需要对内公开"的范围，实现权力清单的动态管理。

（五）注重权力清单和相关法律法规的衔接性，并建立配套的监督机制，规范和约束政府行使权力，体现监督性

推行权力清单制度，应注重权力清单和相关法律法规的衔接性和配套性。一方面，尽量使权力清单按照法律法规的规定涵盖全部权力；另一方面，防止权力清单中有超越法律法规的权力。对于政府职能中的兜底条款，首先明晰兜底条款中市场应当承担的职能和政府应当承担的职能，将能够交由市场和社会自主决定和处理的方面剥离出权力清单，还权于市场和社会。同时，将应当和必须由政府承担的职能纳入权力清单体系，明晰政府职责范围内兜底内容的归属，并确定兜底事项的责任主体，确保职责无缺位。

同时，为了保证权力清单制度的有效运行，应当建立配套的监督机制，规范和约束政府行使权力，形成包括责任主体、责任类型、责任大小等方面的责任清单。并且，以电子政府建设为基础，打造包括"一口受理""电子监察"的信息化平台，引入相互监督机制和社会监督机制，使权力能够按照权力清单所呈现的内容和流程要求予以行使，实现权力清单制度的设计目标。

（六）强化宣传和教育，提升上海各级政府部门和公务员推行权力清单制度的积极性和主动性

当前，应通过强化宣传和教育，使上海各级政府部门和公务员明确推行权力清单制度是政府职能转变与法治政府建设的重要环节和有效举措。推行这项制度既明晰了政府权力的边界，也促进了权力运行流程的合理化。尤其是让公务员认识到，不能将权力清单视为给各级政府的权力运行套上了"紧箍咒"，给政府行使权力增加了

多重限制，要认识到，推行权力清单制度可以明晰政府与市场间的界限，减少政府的非法定责任，为政府"瘦身"，将政府的重点工作集中到创造良好发展环境、提供优质公共服务、维护社会公平正义上来。[①] 以此提升政府部门和公务员参与推行权力清单制度的积极性、主动性。

---

① 郁建兴、许梦曦：《权力清单：地方政府公共权力监管的新起点》，《浙江经济》2014 年第 7 期。

加快简政放权需要硬化制度约束

—— 基于浙江"四单一网"的分析与思考

徐明华　李黄骏

徐明华　浙江行政学院副院长、教授

李黄骏　浙江行政学院政治学教研部讲师

简政放权是政府行政体制改革的关键和重点，是我国经济社会发展的必然要求。就目前而言，权力清单制度是简政放权的主要举措。但由于配套技术手段不完善等原因，清单制度对权力的实际约束存在"软化""松化"的问题，效果并不尽如人意。针对权力清单制度暴露出来的问题，浙江省不断推出后续的配套制度和技术手段，形成了颇具特色的"四单一网"建设模式。借助"四单一网"的案例分析，本文试图梳理出权力清单制度存在的问题及其原因，并为简政放权的继续深化提出一些自己的思考。

一、浙江省简政放权的制度设计："四单一网"

（一）浙江省权力清单制度的发展历程和主要做法

2013 年 11 月 30 日，浙江省委十三届四次全会决定，将建立公开政府权力清单制度作为近期重点突破的改革项目；2014 年 1 月 16 日，浙江省 2014 年《政府工作报告》将权力清单列为 2015 年省政府八项重点工作之一；2014 年 6 月 25 日，正式公布省级机关权力清单，权力清单制度在浙江省初步建成。与此同时，"浙江政务服务网"投入使用，《浙江省行政权力目录库管理办法》《浙江省人民政府办公厅关于开展部门责任清单编制工作的通知》等后续制度陆续制定并实施。由此可见，浙江省在快速推广权力清单制度的同时，也十分重视配套制度和技术手段的建设。浙江省十三届六次全会指出，"推进机构、职能、权限、程序、责任法定化，坚持法定职责必须为、法无授权不可为。"与该指导原则相配合，六次全会还将权力清单在浙江的实践归纳为："加快'四张清单一张网'建设，建立'四张清单'动态调整机制，完善'浙江政务服务网'。"具体而言，浙江省权力清单建设主要包括以下四个阶段：

第一阶段，前期摸索与积累阶段。在正式启动权力清单建设之前，浙江省各地已经有了相关的制度创新，这些制度创新大多由各地纪委负责或主导，其主要目的是通过梳理各级政府或部门的权力范围和过程，分析相关权力失范和腐败的风险点，以此达到更好的监督效果。例如富阳市纪委主导的"风险防控机制"就为之后的权力清单建设奠定了良好的基础。

第二阶段，先行试点阶段。权力清单无论对于浙江省还是国内其他地区都属于新事物，缺少相关经验的积累。针对这样的现实，2014年1月，省政府确定在富阳市开展权力清单制度试点工作，选择舟山、嘉善、海宁、柯桥四地作为负面清单的试点。这一阶段不同地区的正负面清单试点，为之后权力清单在全省的推广树立相对成熟的模板，积累了丰富的经验。

第三阶段，全面推进阶段。在前期摸索和先行试点的基础上，2014年3月10日，省政府召开推行权力清单制度电视电话会议，全省全面推行政府权力清单制度，至2014年6月24日，晒出了全国首张省级部门的权力清单。与此同时，县市两级的权力清单建设也陆续建设完成。除此之外，作为权力清单主要技术手段的"浙江政务服务网"也已开通，并投入使用。

第四阶段，后续制度补充和技术手段丰富阶段。浙江省在权力清单、负面清单逐步建成之后，根据"机构、职能、权限、程序、责任法定化"和动态调整的后续要求，浙江省陆续制定并出台了《浙江省行政权力目录库管理办法》《浙江省人民政府办公厅关于开展部门责任清单编制工作的通知》等规定，继续完善"浙江政务服务网"的建设，形成了以"四单一网"为主要格局的权力清单建设模式。

（二）浙江省权力清单制度的主要特色

2014 年 6 月 25 日，浙江 42 个省级部门权力清单上的 4236 项行政权力首次在网上公布。到 2014 年 10 月，浙江省、市、县三级政府的行政权力清单都将在服务网上公布，实现清单之外再无权力。浙江由此成为全国首个在网上完整晒出省级部门权力清单的省份。不仅如此，浙江省还深化和丰富了权力清单制度的建设内容，逐步构建起了"四单一网"的权力清单建设模式，形成一套结构科学、内容完整的"浙江样本"。具体而言，权力清单制度的"浙江特色"主要体现在以下几方面：

第一，以《浙江省行政权力目录库管理办法》解决权力清单中权力事项的动态调整问题。正如浙江省省长李强同志所言，政府与市场的关系并不是简单的"收"与"放"的问题，其中的关键是形成科学有效的权力运行机制。"非授权即禁止"解决了权力容易扩张和异化的问题，使得权力清单有了"刚性约束力"。[1] 但与此同时，权力清单制度的建设也必须考虑法律法规和政府职能调整的问题，即权力清单也应有一定的动态调整机制。权力清单"也要根据法律法规和机构职能调整情况，定期修改完善，审核公布清单，确保权力清单科学有效、与时俱进"[2]。以这样的认识为出发点，浙江省编办在权力清单制度初步建成之后，迅速出台了《浙江省行政权力目录库管理办法（试行）》来解决权力清单制定以后的动态调整问题。在该管理办法中，

---

[1] 李强：《权力清单制度：给行政权力打造一个制度的笼子》，载《求是》2014 年第 4 期。

[2] 同上。

浙江省不仅规定了权力清单中权力事项调整的事由和程序，还明确了违反规定的后果。由此，从制度的层面上规定了浙江省权力清单后续的动态调整问题，深化和丰富了浙江省权力清单制度的建设内容。

第二，以责任清单实现权限和责任的统一。在权力清单确定政府机构的相应权限和职能之后，浙江省人民政府办公厅后续发布了《浙江省人民政府办公厅关于开展部门责任清单编制工作的通知》，以编制和落实责任清单的形式，明确部门职责，落实责任主体，完善监管制度，切实解决政府管理越位、缺位、错位问题，防止行政管理不作为和乱作为，着力构建与权力清单相配套的权界清晰、分工合理、权责一致的部门职责体系。该通知在坚持公开透明原则的基础上，将职责法定原则和问题导向原则有机地结合了起来，重点突出了公共管理和服务供给相关事项的职责体系构建，特别对社会关注度高、群众反映强烈的市场监管、食品安全、安全生产、环境保护等方面的职责，通知要求根据现有规定理顺部门之间的职责交叉重叠，明确相关部门的职责分工和牵头部门，建立健全部门间配合机制，落实监管责任。由此实现政府部门权力事项权限和责任的真正统一。

第三，以"浙江政务服务网"推进权力清单的落实。浙江省权力清单制度建设除了重视责任清单、权力目录库管理办法等制度建设以外，还十分重视借助互联网技术，打造一个集公开晒权、公开用权、公开管权于一体的网络政务平台。浙江省省长李强同志强调，浙江省的权力清单制度建设除了要公开每项权力的授予依据、办事流程的静态信息以外，还要实行权力的公开运行。"借助互联网技术，打造集行政审批、行政处罚、民意征集、效能监管为一体的行政权力公开运行平台。"① 这个网络行政权力公开运行平台其实就是 2014 年 6 月 25

---

① 李强：《权力清单制度：给行政权力打造一个制度的笼子》，载《求是》2014 年第 4 期。

日正式上线的"浙江政务服务网"。目前,"浙江政务服务网"已经将省、市、县三级政府3300多个部门的所有审批事项都纳入其中,成为集全省统一的政务服务互联网门户、行政权力(行政审批)事项库、行政审批运行系统、集约建设的政务云基础设施公共平台四大功能为一体,提供网上晒权、行权、办事三大主题服务的综合型网络政务平台。由此,浙江省实现了网上政务服务在本省范围内的"一体建设,三级联动"。

二、单纯实施"清单"制存在的主要问题、原因及可能的对策

浙江省虽然在权力清单制度推广之前已经有了许多相关的制度尝试和试点地区累积的经验,但必须承认的是,在制度建设的早期也暴露出了许多的问题,如果将其中最具普遍性的突出问题加以提炼的话,大致应该包括以下六个方面,即"六不":

1. 制作不规范。所谓的制作不规范,主要指的就是在制度建设早期,由于缺少对于清单制作的统一规定,浙江省各级和各地政府在权力事项梳理和流程图的制作过程中差异较大,不能完全做到系统和统一。例如各级政府在梳理自身权力时,省级部门多以款为主,而许多市县级政府则以项为主制作清单。不仅如此,清单制作的不规范还给简政放权存在一定的操作漏洞,其中比较常见的情况是"假放权"。所谓的"假放权",就是一些地区或部门为了追求清单中权力事项数量的减少,利用早期清单制作不规范的漏洞,将相关或相似的一些权力组合在了同一事项中,即所谓的"打包"。

2. 进度不平衡。权力清单在浙江全省推开以后,由于缺少科学的评估指标和制度化的激励机制,各个地区或部门的进度很大程度受主

要领导认识水平和改革勇气的影响，出现了进度不平衡的情况。不仅如此，在不同权力事项的梳理上，这种进度的不平衡尤为明显。而就浙江的经验来看，这些事项往往集中在一些涉事涉地复杂的权力事项上，由于条块问题和部门利益的牵制，这些跨地区或跨部门的权力边界和流程图难以完整和准确地"绘制"出来。不止如此，这些复杂的事项往往还与公共卫生、环境保护等公众关心的议题相关，从这层意义上来说，这种权力事项上的进度不平衡相较于地区和部门的进度不平衡危害更大。

3. 放权不实在。由于缺少科学和全面的评估指标，以及相关的监督和激励机制，一些部门在简政放权的过程中存在放权不实在的行为，这在早期突出体现在了"放假权"的情况上。所谓的"放假权"，就是一些地区或部门通过转移和下放权力小、利益虚、压力大、执行难的权力的方式，既保住了"真权力"，又满足了权力清单的数量要求。这种行为实际上放的不是权力，而是压力和责任。

4. 评估不科学。科学的评估需要有全面的评估指标和详细的量化数据，但就浙江省早期的建设经验来看，该问题突出体现在评估指标过于单一上。浙江省早期大多以权力事项的数量作为考核各级政府或部门权力清单建设效果的主要指标，考虑到各个地区、各个部门之间的差异，以及上文提到的"放假权""假放权"等情况的存在，这种单一评估指标的准确性和完整性令人怀疑。

5. 管理不完整。权力清单制作完成以后，最为重要的就是权力必须按照清单确立的边界和过程来运行，而就浙江的早期经验来看，权力清单并没有实现对政府权力的完整管理。首先，权力事项的管理不完整。权力事项公示以后，没有公示的权力本应停止行使，一切都以清单为准，但就早期的经验来看，一些地区和部门并没有完全做到"清单外权力"的要求，而且，由于没有实现清单的统一管理，监管部门也很难在第一时间发现并纠正这种行为。其次，权力过程的管理不完整。与权力事项管理的不完整类似，一些部门虽然制作了权力流程图，但现实中却将某些权力运行的关键环节游离于流程图之外，使得清单对权力过程的管理"避重就轻"，甚至流于形式。显然，这两种情况的出现，其根本原因是没有形成完整而又封闭的管理链条，给权力的违规留下了技术上的漏洞。

6. 激励不到位。权力清单制度平衡、有效、持续地推进，不仅需要科学的评估体系，更需要到位的激励机制（包括奖励和惩戒正反两方面的激励）。而就早期的经验来看，权力清单建设进度的不平衡和放权的不实在，在很大程度上就是因为激励机制缺少制度化的规定，各地激励机制的到位在很大程度上受制于主要领导的重视程度和认识水平。从这层意义上来说，激励机制的随意性是简政放权效果随意性的重要原因。

从浙江省的早期经验来看，简政放权之所以出现以上六个方面的问题，其根本原因在于，政策法规等制度预设由于缺少相应的技术手段，出现了外在约束"软化"、内在激励"弱化"的问题。而如果从权力清单的内在机制分析，"四化"，即制作标准化、管理封闭化、评估多元化、激励实效化，应该都是此类技术手段的主要目标，都是权力清单的制度预设实现可操作化的基本条件（见图）。换言之，浙江省如果想在后一阶段进一步将简政放权落到实处，化解"六不"难题，就必须为"四单"配套一个可操作化的技术手段，真正实现权力清单的制作标准化、管理封闭化、评估多元化以及激励实效化。当然，此类技术手段在浙江主要指的就是"一网"，即"浙江政务服务网"。也正因为如此，"浙江政务服务网"才被称为简政放权和权力清单的"总抓手"。

权力清单建设早期存在的问题	主要原因	对策（技术手段的目标）
制作不规范 ←	制作缺少标准 ←	制作标准化
管理不完整 ←	管理没有闭环 ←	管理封闭化
评估不科学 ←	评估标准单一 ←	评估多元化
激励不到位 ←	激励没有实效 ←	激励实效化

进度不平衡
放权不实在

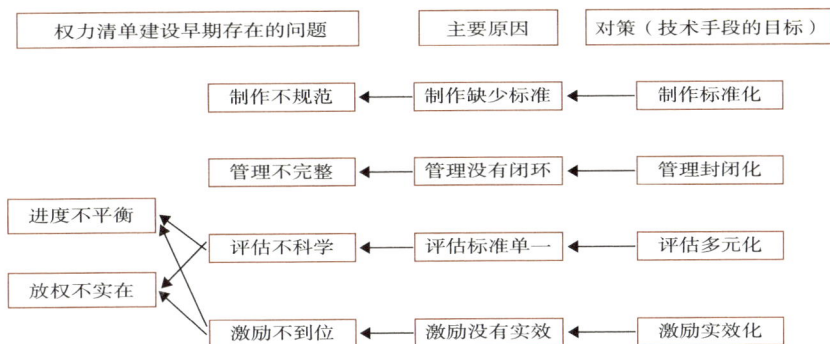

图：浙江省权力清单建设早期存在的主要问题、原因及对策

三、"浙江政务服务网"解决的问题及其机理

"浙江政务服务网"是浙江省利用互联网为主的一整套信息技术，优化权力清单建设机制，并将简政放权的成果向经济、社会生活各部门扩散的重要平台。从简政放权的实际进程来看，"浙江政务服务网"与"四张清单"并举，成为浙江省深化政府改革的"总抓手"。具体而言，"浙江政务服务网"有效地实现了权力清单的制作标准化、管理封闭化、评估多元化、激励实效化，为"四单"的"硬制度"加上了可操作化的"软技术"，有效地破解了早期存在的"六不"难题。

第一，"浙江政务服务网"实现了制作标准化。为了解决建设早期存在的标准或模板不统一的问题，"浙江政务服务网"着力打造了一个省市县一体化的行政权力事项库，基于权力清单形成基本目录库，并逐项进行编号，形成浙江省市县三级权力统一入库，统一目录（同样的事项，统一名称），统一流程（一个事项，一个流程），彻底解决了建设早期存在的标准不统一和制作不规范的问题，杜绝了以"打包"等形式存在的"假放权"，为后续的管理、评估、监督以及激励打下了坚实的基础。

第二，"浙江政务服务网"实现了管理封闭化。由于建立了省市县三级一体化的行政权力事项库，"浙江政务服务网"在全省范围内实现了事项库外无权力，从而保证了行政权力从事项上网、在线运行、结果公示等的闭环管理，监察和纪检部门因此也具备了对全省的权力事项的事前、事中、事后全程监控的能力，有效地弥补了技术手段上的管理漏洞。

第三，"浙江政务服务网"实现了评估多元化。从简政放权的实际情况来看，仅仅以权力事项（责任事项、公共服务事项等）的数量来评估简政放权的实际效果，既不科学，也不全面，甚至还催生了"假放权""放假权"等与制度初衷相背离的情况。正是基于这点考虑，"浙江政务服务网"一方面建立行政权力事项库，推进清单制作的标准化，确保权力事项的数量指标尽可能地真实；另一方面还添加了公众评价的功能，借助改革受益者的真实感受，丰富评价指标的内容。由此，"浙江政务服务网"依赖多元化的评估标准，为简政放权的评估和激励，提供了全面和量化的数据支撑。

第四，"浙江政务服务网"实现了激励实效化。"浙江政务服务网"不仅是一个优化和扩散简政放权成果的平台，也是一个巩固和推进权力清单建设的平台，这突出体现在其内含的监督和激励机制上。例如，"浙江政务服务网"开通了全省统一的办事咨询、投诉渠道，自开通以来，省级部门的网上值班岗位已实时接待网民资讯1.8万余次，各级部门办理1.2万件网民提交的来信。不仅如此，该网络平台还通过网上评价和短信提请办事对象对办事服务进行满意度评价的方式，汇总权力运行和公共服务的实际效果，并将评价结果在网上公开，形成一种对政府部门的倒逼机制。

制度预设的硬化，必须要有相应的技术手段实现其可操作化。从权力清单制度来看，其实质就是一种以公开政府权力的形式，推动简政放权进程的制度设计。"公开什么？""为什么公开？"清楚以后，"怎么公开?""如何保证公开?"便成为后续的主要问题。换言之,预设完权力清单制度的目标和原则以后,如何完善相应的技术手段,将这些目标和原则落到实处,便成为后续制度建设的主要任务。从浙江省的早期经验来看,权力清单制度"软化"的主要原因就是缺少能够真正实现其可操作化的技术手段。正是基于这样的认识,浙江省在权力清单制度初步建成之后,同步配套了"浙江政务服务网",意图借助"互联网+"的思维,实现权力事项公开的标准化、封闭化、多元化和实效化,为"四单"加上可操作化的技术手段,真正实现制度预设的"硬约束",确保简政放权落到实处。

四、硬化权力清单的制度约束

简政放权是政府的一场"自我革命",其中利益的樊篱比想象的还要严重、强大、富有韧性,"壮士断腕""革自己的命"固然需要决心和勇气,但长效机制的建立更需要的是智慧和技巧,化解"肠梗阻""中梗阻",解决"最后一公里"。在此过程中,既需要主要领导的积极推动,也需要社会公众的广泛参与;既需要逐步完善各种政策法规的制度设计,也需要充分借助互联网等的技术手段,共同形成简政放权的"前推+后压"和"制度+技术"。

第一,简政放权的过程必然是一场"前推+后压",形成改革合力过程。权力清单制度首先是一场政府的"自我革命",这在浙江省的建设进程中体现得十分明显。无论是"四单",还是"一网",都是在浙江省委省政府的直接指导下建立和发展起来的,特别是其中利益樊篱的破除,离开这些主要领导对政府改革大趋势的准确判断,以及"壮士断腕"的决心和勇气,显然是难以想象的。当然,"政府搭台"还需要"群众唱戏",权力清单和简政放权离不开最终受益者的参与。

"谁用谁知道"，政府改革的实效最终还是需要社会公众的评价、监督和激励，这才是权力清单落到实处的长效保障，才是推动简政放权不断前行的持续动力。

第二，简政放权的过程必然是一场"制度＋技术"，硬化约束机制的过程。从浙江省早期建设经验的总结，以及"浙江政务服务网""总抓手"的作用来看，一项制度预设的落实，要有配套的技术手段，即真正实现制度的可操作化。否则，再硬的制度在各种利益樊篱面前都会变软、变松，甚至背离改革初衷。

当然，浙江省简政放权和权力清单制度的建设还有继续发展的空间。就目前而言，浙江省和全国其他地区至少可以在以下三方面继续拓展：首先，从浙江省的建设现状来看，配套的技术手段（"浙江政务服务网"）还有进一步细化和硬化的空间。所谓的细化，就是进一步细分权力（特别是跨部门、跨层级的审批流程）运行环节，形成一环扣一环的时间和责任约束，为考核和评估提供更加科学和详备的量化依据，真正实现激励和惩罚的"有据可依"。所谓的硬化，指的是进一步制度化各种考核和评估的效力，真正实现考核和评估的"有据必依"。其次，从全国普遍的建设经验来看，简政放权必须"上下联动"，进一步打破条块分割的羁绊。无论是界定权力（责任）边界，还是简化权力的流程，涉事涉地复杂的权力事项都会成为"最难啃的骨头"，其中一个重要的原因就是固有的条块分割难题。而破解该类难题，固然需要相关部门的协调和沟通，但更为重要的是更高层级的统筹规划。从这层意义上来说，随着权力清单制度和简政放权的深入，"顶层设计"会变得愈发重要。最后，从简政放权的长效机制来看，除了硬化外在约束以外，还必须削减权力扩张的"内在动力"，实现权力的"自我削减"。无论是"前推＋后压"，还是"制度＋技术"，都属于外在约束的范畴，而既得利益和现有人员编制才是权力自我扩张的内在动力，是深化权力清单制度和简政放权必须解决的深层次和长期性问题。由此而言，"减权"的过程必须也是一场"减人""减机构"的过程。当然，人员编制的缩减、现有机构的调整也必须考虑到节奏的问题，考虑到精简人员的利益保障问题。

推进简政放权　基层真话实说

申时燕

云南省昭通市大关县委副书记

本文以云南省昭通市大关县为例，从简政放权基层怎么办、怎么看、怎么想三个方面，反映基层的真实情况和切身感受。以期共同推进简政放权，让政府运转更好、推动经济发展、激发社会活力、惠及基层群众。

一、怎么办——简政放权见成效

（一）权力清单置于阳光下，群众做了明白人

大关县按要求积极推进基层行政审批制度改革，取消行政许可17项，调整8项行政许可和5项非行政审批事项为管理服务事项，承接省市下放的19项审批事项。目前，全县共有许可事项214项，全部在网上进行了公示，群众一目了然。

（二）县乡村组一条龙服务，群众省时省心又省力

建立县、乡、村、组四级为民服务体系，解决服务群众"最后一公里"问题。成立县政务服务管理局，整合国土、住建等11个部门常驻在县服务大厅，开辟16个服务窗口，把建设项目审批核准备案等61项行政审批和管理服务事项归集起来，一站式受理、审批、服务，压缩时限50%以上。仅2014年，就办理审批服务事项3万多件。在乡镇设立为民服务中心，集中办公，乡村为群众办理审批和服务事

项，让群众少进一道门、少跑一趟路、少盖一个章。在村上设立为民服务代办点，村民小组长兼任为民服务代办员，村组干部收集群众要办理的事项，到乡镇代为办理，解决边远山区、行动不便的群众办事难的问题。

（三）政务工作放管服，干部作风走转改

为杜绝在行政审批和服务群众中的吃拿卡要和不作为等行为，县纪委监察局牵头，在服务部门开展"四明白四满意"挂牌承诺服务，公布监督举报电话，接受群众监督，在落实放管服结合的简政放权工作中，进一步促进干部走村组转作风改服务，提高工作效率，树立了阳光政府、法治政府和服务型政府形象。

二、怎么看——简政放权有欠缺

（一）积重难返，简不到位

一是审批逻辑自相矛盾。在现行的审批制度下，申办一个企业和落地一个项目，需多个部门审批，加上部门之间互设前置条件，导致企业难以启动运行、项目长期落不了地。如，食品加工企业申请开业登记时，必须先取得卫生许可证。但由于企业还未成立，设备和人员都还不能到位，又怎么能具备卫生许可的条件呢？此类现象在建设、环保、质监、消防等部门也存在，要求企业具备法人资格、经营条件等才能审批，然而这些审批是企业登记的前置条件，因而造成了行政审批与登记注册互为条件的逻辑矛盾。二是审批环节过于繁杂。如，我县争取一个小型水库援建项目时，从2010年就开始申报工作，县上的发改、水利部门从地方一直汇报、对接到援建单位，经过4年多的长途旅行，终于完成了从县级到国家级的审批历程，项目才得以落

实。三是审批报件过多。如，建设规模稍大的工程项目的可行性研究报告审批，前置报件多达 15 个，需要在发改、国土、城乡规划、人防、环保、气象等多个部门来回跑，方能集齐所有报件。但这些报件都源于各主管部门的规章规定，要研究进一步精简，可能还有一个过程。

（二）认识偏差，简不到位

呈现三种病症：一是"消化不良，中梗阻"。简政放权，由于认识和理解的不同，出现了国务院大刀阔斧动真格、省市藏着掖着有保留、基层步调迟缓慢半拍的现实情况。国务院下放了 597 项提前两年完成计划任务，省市相关部门确实也放了一些，但没放的往往是含金量高的、基层最迫切需要的。例如一些重大项目的建设，中央有政策，但由于市、县没有主导权，项目往往迟迟落不了地开不了工，老百姓意见大，基层工作压力也大。二是"气血不畅，有暗伤"。审批项目放权差异大、不能匹配。比如争取中央预算内投资项目时，林地、土地审批权保留在省级，环评审批权滞留在市级，只有选址、规划审批权下放到了县级。县里一个企业要扩大生产，在办理新厂房建设林地审批手续时，就耗时半年多。在煤炭产业转型升级中，省煤炭、煤监部门将年产 30 万吨以下的矿井审批权部分下放到了市级，但因为最核心的资源管理审批权在省里没有下放，其他审批权的下放也就形同虚设。以致我县一个煤矿的转型升级方案上报到省级部门时，就同一个问题，同一个方案，报了 4 次，4 个多月仍杳无音讯。还有，临时的政策性文件，弹性大，随意解释，审批部门自由裁量权管控不足。三是"头重脚轻，腿太细"。以前讲"上面千条线，下边一根针"。现在讲"上面千条线，下面一张网"。事权、责任下放了，但人员（编制）、经费、技术、设备等没有相应下放。基层要织好这张兜底工作的网，谈何容易。随着改革的推进，上级下发了大量文件，很多都需要县级落实。由于县乡工作人员自然增长缓慢，现在是基层的腿越来越细，事务却越来越多，加之人员老化，工作能力参差不齐。关键是基层干部确实负担很重，一个领导分管 10 多项工作、联系 10 多个部门，忙不过来，效率不高，干部都成了万金油。如，县经贸科技局，一个局要对应市上的工信委、招商局、科技局、煤炭局、煤监局、对外经济合作办公室 6 个处级单位，基层差不多是一个公务员对应上面一个局安排的工作，疲于应付。用会议和文件落实工作成了抓急的权宜之计。

（三）准备不足，接不实在

一是权责不对等，不想接。如风景区建设许可的审批权在县住建局，但许可证核发后，具体的实施和管理却由旅游主管部门负责，导致审批权和监管责任脱节。同时，很多职能存在相互交叉和多头监管，拿食品安全来说，看似大家都在管，实则大家都不想管，也管不好。二是有责无力，放下来接不住。如食品药品监管，虽然权力下放到了基层，但由于县、乡（镇）不具备相关的检测设备和专业技术人员，导致放下来的事项虽然承接了，但管不好。

分析造成这些问题的原因，一是审批权异化，即政府权力部门化、部门权力利益化。二是法律支撑不够，难以在行政要求和法规要求之间把握好精简的度，导致不敢减、不敢放。三是权责不对等。行政审批、行政处罚等权力和行政职责缺乏统一的界定、规范和标准。省市县乡等各层级权责不统一，县乡两级政府承担较多事权，而缺乏财权和人事权。四是监督不完善。目前大多数审批只规定了办结时限，但对能办不办、拖着不办的问题，缺乏追责机制和刚性的约束。加之信息化水平滞后，无论是上级监督、社会监督还是群众监督，都很困难。

三、怎么想——简政放权的期待

（一）法律要紧随其上

目前，审批制度改革的原则和标准不统一，哪些项目必须削减、哪些项目应该保留，没有普遍适用的法律依据，作为基层政府难以把握和实施。《行政许可法》实行多年，一些概念模糊，使得行政机关的自由裁量随意性较大。比如，目前各级政务服务中心的法律属性、地位不明确，给日常运行和管理带来难题。因此建议清理不符合《行政许可法》的法律法规，修订《行政许可法》，以适应发展的需要。同时建议新立《行政程序法》，明确行政机关实施行政行为的方式、过程、步骤和不在法定时限内审批的具体责任等，从而规范行政行为，简化行政程序，以提高行政效率、防止公权力滥用。

（二）权属要一清二楚

建议清晰划分中央、省、市、县的审批权属，明确各级具体负责的审批事项，并由国务院部委按照领域和类别的要求统一设置科学合理的行政审批前置条件，制定标准、规范的办事流程和申请范本，然后通过一个平台向全社会公开，消除省市两级加设前置条件的空间，让县级在进行审批和管理时有规范统一的执行标准。对于各省根据实际确需增加或取消的前置条件经论证后统一公开，接受社会监督，以保证审批权力的透明。

（三）放权要充分实在

放权是措施，简政是目的，简政放权首先要放权，才能达到简政。要做到放权到位，就要从有利于增强经济发展的主动性、积极性和方便企业、群众办事出发，取消能通过市场竞争实现优胜劣汰的审批事项，放手让社会去做，减少政府对经济活动不必要的审批，解放对市场活动的束缚和制约，还权于民，既减轻政府负担又培养了公众的责任意识；放开县级能结合实际管理好的省市许可事项，减少"中梗阻"，使基层政府能根据自身发展的实际，放宽放活市场准入，从而激发大众创业、万众创新的社会活力。

（四）监管要有力有效

建议按照"有权必有责、用权受监督"的要求，分级建立一套前置条件科学的、责任主体和时限明确的、违规责任严格的、符合市场运行规则的监管体系，并强调监管的有力落实有效运用，解决职能交叉、职权不清等问题，杜绝多头监管和推诿扯皮，防止"只放权不监管，只审批不监管，只审批不服务"的现象，使有权者不敢任性，实现政府从管理向服务转变的目的。

（五）人事要同步匹配

赋予基层足够的空间和权限，按照"人、事、财"匹配和"权、责、利"统一的原则，建立人权事权财权相对等的保障机制，盘活现有存量，向县乡倾斜人员编制和财力投入，让审批权限与审批能力相匹配、财权与事权同步配套，提升县级公共服务能力，确保精简了的不反弹、放下去的接得住。

（六）并联审批要有质有量

依托网上服务大厅网络平台，实行网上受理、办理和网上公开，做到流程固化、责任到人、全程留痕、网上运行，提高审批服务的速度和透明度。对涉及多个部门审批的项目从过去的串联审批变为集中并联一次审批，消除部门间将审批条件互设为前置条件的病根，同时开放各部门数据库、专家库、信息库，实现上下左右信息共享，减少不必要的重复提供资料环节。

（七）集中服务要拓展延伸

增加对县级的资金扶持力度，加强县级政务中心平台软件硬件建设，把保留的行政许可、非行政许可服务和管理服务事项纳入中心服务窗口集中公开办理，杜绝行政机关在法定程序外增加办事程序和办事成本，为企业和群众提供便捷高效的"一站式"服务。加强乡镇为民服务中心和村级服务站建设，将高质量的便民服务触角延伸到基层和社区。

（八）中介服务要透明放开

在许多行业，事中、事后监管需要技术手段来进行。许多服务单位与行政审批部门一体连衣，搞垄断、搞暗示、吃拿卡要、高收费、服务质量低下。因此，放开中介服务，取缔"红顶中介"迫在眉睫。

（九）督察督导要严格严厉

建议国务院、省政府建立完善对部门、市县的政务服务专项督察督导机制，既监督公职人员个人行为，也督导部门和单位的集体履职情况，解决"慢与乱"的问题。

后　记

党的十八大以来，以习近平同志为总书记的党中央对深化行政体制改革提出了明确要求，作出了重要部署。国务院把简政放权、放管结合作为推进行政体制改革、转变政府职能的"当头炮"，作为本届政府开门办的"先手棋"，予以全力推动。

近年来，简政放权、放管结合工作取得突出成效。为总结经验、探讨问题、凝聚共识、提出对策，2015年6月国家行政学院举办了"简政放权、放管结合、优化服务"座谈会，国务院及相关部门领导、有关地方政府和部门负责人、知名专家学者和企业家代表150余人与会。大家普遍认为，简政放权等改革实践取得了明显的阶段性成果，激发了市场活力和社会创造力，促进了政府治理能力的提升。我们对与会代表的发言和会议征集的论文进行了整理和精选，并特别邀请吴敬琏、厉以宁、应松年等著名专家学者专门撰写了相关文章，一同汇成此书。希望本书能为进一步推动简政放权的理论与实践向纵深发展、为广大党政干部提升相关意识和能力，提供一份有益的参考。

编　者

2016年3月

策划编辑：张振明

责任编辑：郑　治　余　平

责任校对：吕　飞

封面设计：马淑玲

图书在版编目（CIP）数据

大道至简：简政放权的理论与实践 / 国家行政学院 编，马建堂 主编 .
　－北京：人民出版社，2016.5

ISBN 978－7－01－016196－9

I.①大…　II.①国…　②马…　III.①国家行政机关－行政管理－研究－中国

　IV.① D630.1

中国版本图书馆 CIP 数据核字（2016）第 090616 号

大道至简：简政放权的理论与实践

DADAO ZHIJIAN JIANZHENG FANGQUAN DE LILUN YU SHIJIAN

国家行政学院 编　马建堂 主编

人民出版社 出版发行

（100706　北京市东城区隆福寺街 99 号）

北京尚唐印刷包装有限公司印刷　新华书店经销

2016 年 5 月第 1 版　2016 年 5 月北京第 1 次印刷

开本：710 毫米 ×1000 毫米 1/16　印张：11.75

字数：150 千字

ISBN 978－7－01－016196－9　定价：30.00 元

邮购地址 100706　北京市东城区隆福寺街 99 号

人民东方图书销售中心　电话：（010）65250042　65289539